Collection Géopolitique mondiale
Dirigée par Mwayila Tshiyembe

L'objet de la Collection Géopolitique mondiale est de susciter les publications dont la vocation est double : d'une part, donner un sens aux mutations provoquées par la mondialisation, étant donné la perte des repères du monde ancien et la nécessité d'inventer les repères du monde nouveau ; d'autre part, analyser la complexité des enjeux territoriaux, des rivalités d'intérêt et de stratégies qui pousse les acteurs à user de la force ou de la diplomatie, pour modifier ou tenter de modifier le rapport de force (ressources naturelles, humaines, culturelles), selon des idéologies qui les animent. À cette fin la prospective et la pluridisciplinarité sont des approches privilégiées.

Dernières parutions

Théophile Asipate Sikitiko, *Partis politiques et stabilité gouvernementale en temps de crise en République démocratique du Congo. Enjeux et défis de la représentation équilibrée et équitable des forces politiques*, 2024.
Starmans Bofoe Lokangu, *Droit pénal économique congolais. Régime juridique des infractions économiques* (volume 1), 2023.
Mwayila Tshiyembe, *Géopolitique mondiale. Théorie générale et géopolitique de la Russie, la Chine, l'Inde et du monde Musulman*, 2022.
Frederic Esiso Asia Amani, *Manuel de méthodologie de recherche en sciences sociales*, 2022.
Mwayila Tshiyembe, *Droit international public. Théorie générale et étude de cas jurisprudentiels*, 2022.
Gérard Tukumbi Ramazani, *Politiques publiques et développement rural durable. La province de Tanganyika en RDC*, 2022.
Ursil Lelo-Di-Makungu, Junior-Jackson Bosakella Lokwa et Jean Bakomito Gambu, *Traité de droit commercial OHADA*, 2022.

Droit pénal fiscal congolais

Régime juridique des infractions fiscales

5-7, rue de l'École-Polytechnique, 75005 Paris

http://www.editions-harmattan.fr

ISBN : 978-2-336-48559-1
EAN : 9782336485591

Starmans Bofoe Lokangu

Droit pénal fiscal congolais

Régime juridique des infractions fiscales

Préface de Sam Yakusu Bokawenyama

L'Harmattan

Du même auteur :

Droit pénal économique congolais, Régime juridique des infractions économiques, L'Harmattan, Paris, 2023.

Droit congolais de la propriété intellectuelle, L'Harmattan, Paris, 2022.

Fiscalité des Organisations et des Ressources naturelles en République démocratique du Congo, L'Harmattan, Paris, 2021.

Droit fiscal et Procédures fiscales en République démocratique du Congo, Théories Générales, L'Harmattan, Paris, 2021.

Criminalité pharmaceutique en République démocratique du Congo, Une véritable menace au droit à la santé, L'Harmattan, Paris, 2019.

Droit à la santé en droit positif congolais, Utopisme de mise en œuvre d'un droit fondamental, ÉUE, Berlin, 2018.

Préface

La fiscalité forme une partie intégrante du quotidien humain dont le déroulement se révèle sans cesse plus complexe. Cependant, il n'y a rien de plus estimable que le bon sens et la justesse de l'esprit dans le discernement du vrai (ceux qui paient l'impôt) et du faux (ceux qui se soustraient des obligations fiscales). Toutes les autres qualités d'esprit ont des usages bornés mais l'exactitude de la raison est généralement utile dans toutes les parties et dans tous les emplois de la vie.

Ce n'est pas seulement dans les sciences juridiques qu'il est difficile de distinguer la vérité de l'erreur, mais aussi dans la plupart des sujets dont les hommes parlent, et des affaires qu'ils traitent. Surtout lorsqu'il s'agit de l'impôt, où conception juridique et économique s'affrontent.

Qu'à cela ne tienne, comment préfacer l'ouvrage de Starmans Bofoe Lokangu sur « Droit pénal fiscal congolais : *Régime juridique des infractions fiscales* » sans se référer à la pensée de René Descartes lorsqu'il disait *« je pense, donc je sui» ?*

Me voici donc au carrefour de mes doutes comme un féticheur à l'entrée du village. Mais par où commencer ? J'ai interrogé les dieux. Mais alors, les dieux de la science juridique. Penser est la preuve de l'existence, écrit Raphaël Nyabirungu. Une pensée, c'est ce qui reste lorsque la lettre s'est tue, lorsque la bibliothèque a brulé.

M'étant emparé, à la demande de l'auteur de la délicate mission consistant à préfacer son ouvrage que vous tenez entre les mains, ou qu'à tout le moins vous avez sous les yeux, suis-je à présent tenu de me prononcer, personnellement et à grand renfort d'argument pertinent sur la validité des considérations qu'il renferme ?

J'ai choisi, dans ma bouillante réserve personnelle, l'idée audacieuse et moderne de « *réfléchir* ». Car, Starmans Bofoe Lokangu, comme tout savant, qui s'élève à la spéculation me pousse à m'engager dans cette voie.

Cet ouvrage était un document de référence avant même d'être publié. Fruit d'un travail acharné et d'une expérience avérée. Lorsque je l'ai pris, je l'ai lu et c'est alors que j'ai remarqué qu'il se démarque par un souci réel de faire comprendre le droit pénal fiscal congolais, aussi bien par la clarté des explications que par la pertinence des analyses.

J'apprécie particulièrement les exemples tirés de la vie réelle. Comme enseignant et avocat, j'apprécie grandement cet outil qui constitue un support intuitif majeur à la compréhension du droit pénal fiscal tout en se révélant plus convivial. De nos jours, les multiples questions qui touchent à la fiscalité sont très souvent présentes dans notre vie politique des démocraties et dans les préoccupations de l'opinion publique. Elles suscitent de vifs débats, mais on s'accorde sur un point, c'est que le système fiscal exerce une réelle influence dans le domaine économique et social : il joue un rôle essentiel dans la répartition des revenus, ou dans la délocalisation d'entreprises.

Pourtant, l'histoire de la fiscalité à l'époque contemporaine est demeurée jusqu'à présent quasiment une *terra incognita*. Cette lacune surprenante et même scandaleuse de l'historiographie congolaise traduit une négligence coupable des historiens. Sans doute, ce qui touche à l'impôt leur apparaissait-il aride, trop technique, donc rebutant.

Starmans Bofoe Lokangu veut montrer, ici, non seulement la nécessité de s'acquitter des obligations fiscales avant de revendiquer quoi que ce soit à l'État, mais aussi la sensibilité aux questions fiscales des petits et moyens entrepreneurs et des travailleurs indépendants.

L'on trouvera dans cet ouvrage bien des informations pouvant nourrir une réflexion sur les profondes résistances à l'impôt en République démocratique du Congo.

Je souhaite que les recherches en ce domaine nouveau s'amplifient, et que d'autres s'engagent sur la voie si brillamment ouverte par Starmans Bofoe Lokangu. Je laisse à ces hommes de mérite, qui joindront si heureusement à la profondeur de vue, un lumineux talent de présentation (dont j'ai conscience de manquer), le soin d'achever la préface que j'ai faite, compte tenu des lacunes qu'elle contient encore çà et là, car je ne cours pas le danger, dans ce cas, d'être réfuté, mais bien de ne pas être compris.

Fait à Kisangani, le 15 Avril 2024.

Sam Yakusu Bokawenyama PhD

Professeur à l'Université de Kinshasa (RDC).

Avant – propos

Cet ouvrage vise la construction du droit pénal fiscal congolais à travers le regroupement et l'analyse des infractions fiscales, notamment la fraude fiscale et celles relatives aux procédures fiscales proprement dites. Bien que les matières abordées dans cet ouvrage soient régies par des textes juridiques épars, il est impérieux d'en faire un document compilé pouvant servir d'un *memento de droit pénal fiscal congolais.*

Notre devoir est de ressortir pour chacune des infractions, l'élément légal, matériel et moral dans le souci de lutter efficacement contre la délinquance fiscale ; de resocialiser les contribuables défaillants et de contribuer à la maximisation des recettes fiscales.

De prime à bord, nous rendons grâce à Dieu Tout-Puissant pour nous avoir donné la vie, l'intelligence et la force d'élaborer cet ouvrage.

Nos remerciements s'adressent non seulement aux professeurs Jean Otemikongo Mandefu, Mwayila Tshiyembe, Jean - Faustin Bongilo Boendy, Emile Bongeli yeikelo ya-ato et Glombert Loko Mantuono, pour leurs soutiens multiformes.

Mention spéciale au professeur Michel – Archange Oshim Esinga pour avoir minutieusement lu et corrigé le manuscrit de cet ouvrage sans oublier le professeur Sam Yakusu Bokawenyama pour l'avoir préfacé, lequel aurait fait la fierté de ma mère Pauline Lounga Sema, que la mort nous a brutalement arrachée.

Fait à Kisangani, le 15 mai 2024.

Professeur Starmans Bofoe Lokangu

Liste d'abréviations et sigles

- AMR : Avis de mise en recouvrement
- BIC : Bénéfice industriel et commercial
- CPC : Code de procédure civile
- CPL I : Code pénal livre I
- CPL II : Code pénal livre II
- CPP : Code de procédure pénale
- DL : Décret- loi
- J.O : Journal officiel
- OHADA : Organisation pour l'harmonisation en Afrique du droit des affaires
- OL : Ordonnance – loi
- OMC : Organisation mondiale du commerce
- OMP : Officier de ministère public
- OPJ : Officier de police judiciaire
- Ord. : Ordonnance
- PCG : Plan comptable général
- PME : Petites et moyennes entreprises
- PUC : Presses universitaires du Congo
- PUF : Presses universitaires de France
- RDC : République démocratique du Congo
- SP : Servitude pénale
- SYSCOHADA : Système comptable de l'Organisation pour l'harmonisation en Afrique du droit des affaires
- TVA : Taxe sur la valeur ajoutée
- UNIKIN : Université de Kinshasa
- UNIKIS : Université de Kisangani

Sommaire

Introduction

En République Démocratique du Congo, la plupart des contribuables s'acquittent spontanément de leurs obligations fiscales contre ceux qui s'abstinent à les honorer en utilisant des moyens frauduleux. C'est à l'égard de ces débiteurs fiscaux défaillants que le droit pénal fiscal congolais jouera un rôle préventif à l'indiscipline fiscale et à la garantie de répression afin d'établir la vérité fiscale.

Cet ouvrage décrypte le régime juridique des infractions aux procédures fiscales et celles du droit commun applicables en matière fiscale afin de resocialiser les contribuables en vue de maximiser les recettes fiscales tout en proposant les mécanismes de renforcement de l'action publique contre la délinquance fiscale.

Ainsi, le cadre juridique fiscal congolais sera particulièrement efficace dès lors qu'il y a nécessité d'une loi définissant clairement les infractions fiscales (1), d'application d'une sanction pénale à une infraction fiscale (2), ainsi que d'application des sanctions sévères aux infractions graves (3).

1. Nécessité d'une loi spécifique définissant clairement les infractions fiscales

Les infractions relevant de la délinquance fiscale peuvent être définies pour désigner un large éventail d'actes délictueux destinés à frauder l'Administration fiscale. Il est donc possible de définir les infractions fiscales spécifiques de façon plus détaillée dans la loi, en fixant pour chacune d'elles les critères permettant d'établir les actes précis, qui constituent une infraction fiscale.

Les dispositions juridiques spécifiques devraient exposer les éléments constitutifs du délit fiscal. Ce qui implique d'énoncer clairement le comportement ou l'activité spécifique, qui constitue l'acte délictueux ainsi que l'intention frauduleuse du contribuable défaillant lors de la commission de cet acte[1].

Les infractions fiscales devraient être décrites dans un texte en termes clairs. Ce qui permettrait de prévenir certains désaccords et malentendus éventuels relatifs à la terminologie employée tant du côté des contribuables que du côté de la justice pénale ou administrative[2]. C'est alors que la RDC devra, à travers un texte complet, pouvoir engager des poursuites à l'encontre des personnes physiques ou morales en cas d'une infraction fiscale.

À titre d'exemple, lorsqu'une entreprise s'est prêtée à une fraude fiscale, il se peut qu'aucune personne physique responsable du délit ne puisse être identifiée mais que les actions délictueuses commises résultent des actions conjuguées réalisées par plusieurs personnes en tant que représentants de l'entreprise.

Dans ce cas, cette loi pourra ainsi permettre d'engager la responsabilité pénale de la personne morale ou de la construction juridique à raison de l'infraction et d'imposer des sanctions aux principaux acteurs, comme les administrateurs, dirigeants, agents jugés pénalement responsables. Il ne suffit pas seulement d'avoir une loi qui institue clairement une infraction fiscale, mais aussi d'appliquer une sanction pénale à une infraction fiscale une fois établie.

---

[1] *Intention frauduleuse, imprudence ou négligence grave.

[2] * « *Lex moneat, priusquam feriat* » signifie « il faut que loi avertisse avant de punir ».

2. Application d'une sanction pénale pour une infraction fiscale

Les dispositions juridiques spécifiques devraient prévoir des sanctions dès lors que les éléments de l'infraction fiscale sont établis. Ces sanctions devraient être conçues pour favoriser le respect des obligations fiscales et empêcher leur inobservation en constituant une menace crédible. Ainsi, il est indispensable d'appliquer une sanction sévère pour une infraction fiscale grave.

3. Application d'une sanction sévère pour une infraction fiscale grave

Un certain nombre de comportements peuvent constituer un délit à caractère fiscal. Pour atteindre les objectifs de l'incrimination, les comportements ou les délits commis dans les circonstances graves devraient être passibles de sanctions pénales sévères, proportionnelles à la nature de l'infraction.

La législation congolaise sur les infractions fiscales devrait être mise en application. Ainsi, lorsque l'infraction fiscale est établie, il convient d'en appliquer une sanction pénale, qui a plus de chance d'être efficace et qui est adaptée aux faits et aux circonstances. Ces sanctions devraient donc être appliquées de manière équitable et cohérente.

4. Ossature de l'ouvrage

Une bonne analyse des infractions fiscales passe par la maîtrise des considérations générales sur la fraude et l'évasion fiscales (chapitre I), des infractions fiscales relatives aux procédures fiscales (chapitre II) ainsi que les mécanismes de renforcement de l'action publique en matière fiscale (chapitre III).

Chapitre I

CONSIDÉRATIONS SUR LA FRAUDE ET ÉVASION FISCALE EN DROIT CONGOLAIS

Il est question ici d'analyser les considérations générales sur la fraude fiscale (I), l'évasion fiscale (II) ainsi que les mécanismes de lutte (III) contre ces deux problèmes limitant la maximisation des recettes fiscales à travers leurs procédés illégaux mis en œuvre.

Section I. CONSIDÉRATIONS SUR LA FRAUDE FISCALE

Dans les lignes qui suivent, le regard est orienté vers la maîtrise du contenu de la fraude fiscale (1), sa distinction avec l'erreur (2), ses causes (3), ses procédés ou formes (4) ainsi que ses conséquences (5).

§1. Le contenu de la fraude fiscale

La fraude fiscale consiste à échapper ou tenter d'échapper à l'impôt par tout moyen[3]. La fraude fiscale est l'expression d'une insurrection de la personne physique ou morale contre l'État. Elle est donc une infraction par rapport à la loi fiscale ayant pour but d'échapper à l'impôt ou d'en réduire les bases d'imposition. C'est une

---

[3] Service-public.fr, Quelles sanctions en cas de fraude fiscale, disponible sur *http//www.service-public.fr* consulté le 15 septembre 2023 à 16 h 20.

infraction, qui est d'une extrême gravité du fait du préjudice causé à l'ensemble de la collectivité publique.

Autrement dit, la fraude fiscale n'est pas comme les autres fraudes de droit commun avec un individu que l'on trompe, mais il s'agit ici d'une tromperie, qui touche l'ensemble de ses concitoyens. Constitue une fraude, dans ce cas, toute insuffisance, omission ou inexactitude dans la déclaration d'impôts d'un contribuable.

La fraude fiscale consiste ainsi à se soustraire à la loi ou à utiliser des procédés illégaux pour échapper à tout ou à une partie de son impôt. L'infraction de fraude fiscale est un comportement, qui vise à ne pas respecter la loi fiscale pour payer moins ou pas du tout d'impôts.

Sur le plan juridique, la fraude fiscale désigne le fait de soustraire illégalement une partie ou l'ensemble de sa matière imposable à la législation fiscale. En d'autres termes, le fraudeur se soustrait à l'impôt ou en paie moins qu'il ne le devrait en ayant recours à des méthodes illégales.

Sont considérées comme fraudes fiscales, les comportements suivants[4] :

- Le fait d'oublier délibérément de souscrire sa déclaration d'impôts ;
- La dissimulation, dans la déclaration d'impôts, de certains revenus ou biens ;
- L'organisation délibérée de son insolvabilité pour échapper au paiement des impôts.

[4] Ooreka, fraude fiscale : définition et sanctions, disponible sur *https://impot-sur-le-revenu.ooreka.fr/astuce*, consulté le 12 septembre 2023 à 11 h 30'.

D'une manière générale, une fraude fiscale est un comportement dont la finalité est d'échapper au paiement de l'impôt tout en détournant la loi. La fraude fiscale ne doit pas être confondue avec l'erreur ou encore avec l'évasion fiscale qui consiste à diminuer ses impôts en profitant de certaines lacunes de la loi fiscale.

§2. La distinction entre la fraude fiscale et l'erreur

La violation manifeste de la loi est la caractéristique principale de la fraude fiscale. En réalité, la violation inconsciente ou involontaire à la loi fiscale ne peut être considérée comme frauduleuse.

Par exemple : Il est erroné de croire que dès lors que l'Administration fiscale procède à un redressement, il y a fraude fiscale. Il se peut qu'il y ait eu tout simplement de la part du contribuable une erreur quant à la détermination de sa base d'imposition.

Dans cette hypothèse, le contribuable est de bonne foi, il s'est trompé dans l'évaluation de ses revenus ou de ses bénéfices. Soit il accepte le redressement, auquel cas le litige est clos, soit il le conteste, auquel cas le litige peut donner lieu à l'application des indemnités ou des intérêts de retard.

Si le contribuable a commis une fraude fiscale mais a agi de bonne foi (son erreur n'était pas volontaire), l'Administration fiscale peut l'exonérer des amendes fiscales. Une exonération fiscale est une dispense partielle ou totale, permanente ou temporaire de payer l'impôt aux conditions fixées par la loi. Elle est une situation par laquelle une personne physique ou morale est dispensée de payer l'impôt.

C'est donc une mesure prévue par la loi fiscale pour affranchir de l'impôt certaines opérations ou certains biens. En d'autres termes, l'exonération fiscale est un droit par lequel un fait pour lequel un impôt devait être payé en est exonéré[5]. Le plus souvent l'exonération n'est possible que si la personne physique ou morale n'exerce pas une activité lucrative.

Pour obtenir cette exonération, le contribuable, qui estime être de bonne foi, doit adresser à l'Administration fiscale une demande de remise gracieuse totale ou partielle des amendes, qui lui ont été infligées. L'Administration fiscale est libre d'accepter ou non cette demande. L'absence de réponse de l'Administration fiscale vaut un refus de remise gracieuse.

Par ailleurs, le contribuable, qui s'aperçoit de lui-même de son erreur avant que l'Administration fiscale n'ait effectué une réclamation, peut régulariser de lui-même la situation en effectuant une déclaration modificative.

En revanche, si la mauvaise foi du contribuable est démontrée, l'Administration fiscale peut appliquer des pénalités ; et si le contribuable est reconnu coupable de manœuvres frauduleuses, l'Administration fiscale pourra le poursuivre pour fraude fiscale. Autrement dit, il y a fraude fiscale lorsque le contribuable viole délibérément la loi fiscale pour se soustraire à l'impôt. Dans ce cas, la fraude fiscale se distingue essentiellement de l'erreur par son caractère tout à fait volontaire.

---

[5] Exonération fiscale, qu'est-ce que c'est, définition et sens, disponible sur *http://economy-piedam.com,* consulté le 9 septembre 2023 à 20 h 35.

Toute violation au dispositif fiscal est déclarée frauduleuse parce qu'elle est nécessairement accomplie avec l'intention de causer un préjudice aux intérêts collectifs. La preuve de l'intention peut résulter simplement des manœuvres elles-mêmes ou du simple fait que le contribuable a ignoré la loi. Par exemple : le bénéfice d'une entreprise déclaré partiellement.

§3. Les causes de la fraude fiscale

Les causes de la fraude fiscale sont multiples et extrêmement variées. Il serait hasardeux de prendre le risque de les citer ou de déterminer laquelle des causes est la plus pratiquée ou la plus déterminante. Il s'agit notamment : de l'inadaptation du système fiscal, l'absence de la culture fiscale, la pression fiscale, la conjoncture économique, l'appât du gain, l'idéologie et l'étatisme, le refus des contraintes et le goût du risque[6].

1. L'inadaptation du système fiscal

Il est souvent reconnu que le système fiscal congolais demeure très fortement inégalitaire à travers notamment :

A. Le poids déterminant des impôts sur les consommations ;
B. La faible part des impôts progressifs qui peut réduire effectivement les inégalités de revenus et de fortunes ;
C. La surtaxation générale de la rémunération sachant que les travailleurs ne sont pas bien rémunérés.

[6] Ghislain KAVULA MWANANGANA : *La problématique de la fraude fiscale sur le développement de la République Démocratique du Congo*, Université de Kinshasa, 2016, disponible sur https://www.memoireonline.com/12/06/303 consulté de 6 avril 2023 à 13 heures 32.

Il faut aussi souligner qu'aux inégalités mises en place par la loi fiscale s'ajoutent les inégalités découlant des conditions d'application de cette législation fiscale. Certains impôts peuvent faire l'objet plus facilement de fraudes que d'autres, et les moyens de prévention et de contrôle ne sont délibérément pas mis en place.

2. L'absence de la culture fiscale

Les contribuables n'ont pas la culture fiscale. Rares sont ceux qui payent réellement l'impôt, sauf, certaines catégories professionnelles comme les salariés, les sociétés commerciales, etc.[7]. Cela se traduit par l'absence d'exemplarité des autorités politiques et administratives en matière fiscale en s'octroyant des exemptions et exonérations indues.

3. La pression fiscale

On dit souvent que trop d'impôts tue l'impôt. Les fraudeurs potentiels frauderaient d'autant plus que le poids de leur impôt leur serait insupportable. De ce fait, l'excessive pression fiscale favorise les comportements frauduleux. Une partie des fraudeurs considère même comme légitime cette forme d'incivisme lorsqu'ils calculent ce qu'ils doivent chaque année à l'État.

Et cette position a été réconfortée par ADAM SMITH qui dit qu'il ne fait pas de doute qu'un impôt exorbitant de l'ordre de la moitié ou même du cinquième de la richesse de la nation justifierait, comme tout abus flagrant de

---

[7] André Philippe FUTA, Incohérences, archaïsmes et autres maux du système fiscal congolais *in www.minfin.rdc.cd/fiscal/archaïsme.htm*, consulté le 10 mars 2022.

pouvoir, la résistance de la part du peuple[8].

4. La conjoncture économique

La majeure partie des contribuables vit dans la pauvreté ; c'est ce qui fait que les congolais ont du mal à payer l'impôt pour le peu qu'ils gagnent.

5. L'appât du gain

Certains commerçants se lancent dans la fraude fiscale pour qu'une partie de leurs bénéfices ne soit pas imposée (en majorant les frais de gestion, en dissimulant les recettes, etc.). Et les mesures nécessaires pour leur contrôle ne sont délibérément pas mises en place. C'est aussi le cas de nombreuses professions libérales, qui disposent de nombreuses possibilités de soustraire une partie de leurs activités à l'impôt à travers les déductions et rabattements.

6. L'idéologie et l'étatisme

Cela dépend du modèle de l'État que l'on utilise pour comprendre les relations politiques entre les individus. On peut distinguer deux grands modèles[9] : le modèle orthodoxe de l'État, héritier de la philosophie politique de Hobbes et Rousseau ainsi que de la tradition économique classique, et le modèle du Léviathan, apparenté à la philosophie de Locke et à l'analyse économique contemporaine des choix publics.

---

[8]Bertrand LEMERNICIER, *L'évasion fiscale est-elle un devoir moral ?* ***in Revue éthique***, octobre 2001.

[9] Pierre LEMIEUX, L'économie de la résistance fiscale selon la manière dont on modélise l'État, l'évasion fiscale entraîne des conséquences bien différentes in ***le Figaro-Économie***, 30 janvier 1997, p. 11.

Le modèle orthodoxe de l'État domine la théorie économique des finances publiques depuis plus de deux siècles. On part de l'idée que seule l'autorité peut satisfaire la demande de ''biens publics '' comme la sécurité et la défense nationales et de tout ce que l'on appelle aujourd'hui ''services publics''. Comme, par hypothèse, tout le monde profite automatiquement de ces services, chacun sera tenté de jouer se déguiser en passager clandestin en refusant de payer sa part.

En effet, le modèle orthodoxe de l'État ne rend pas bien compte de plusieurs observations empiriques, notamment :

D. La croissance phénoménale de l'État moderne ;

E. Le niveau actuel des impôts, lesquels équivalent globalement à 50% de ce que les gens produisent et gagnent ;

F. L'inégalité des impôts parmi les contribuables et le découplage entre les impôts payés et les avantages reçus ;

G. L'insatisfaction montante des gens au fur et à mesure que l'État agrandit son domaine prétendument pour répondre à des demandes générales.

Au nom de la justice sociale ou pour le compte de ceux qui sont du bon côté du guichet, le Léviathan ira chercher chez les contribuables le maximum qu'il peut en tirer sans risquer de tarir la poule aux œufs d'or ou de provoquer une révolution.

Mais, si l'État cherche à lever des impôts *maxima* sans égard à la demande de biens publics, s'il exploite les contribuables au profit d'une minorité (ou d'une majorité), qui reçoit plus qu'elle ne paie, alors la fraude fiscale (et l'évasion) trouveront une justification non seulement morale, mais aussi économique.

7. Le refus des contraintes

C'est dans le sens du caractère obligatoire de l'impôt qu'il est inconvenant de forcer un individu à payer un impôt pour financer des biens ou services auxquels il n'a pas consenti. Il est alors légitime de résister à l'impôt par la fraude fiscale et l'évasion fiscale. Pour lui, la fraude fiscale, la compétition fiscale, l'évasion fiscale, les révoltes fiscales sont bonnes car elles contraignent les gouvernants à choisir des moyens respectueux des droits individuels pour arriver à leurs fins.

8. Le goût du risque

En effet, certains contribuables veulent souvent défier l'Administration fiscale. Ils veulent s'assurer si son contrôle est efficace en tentant délibérément de se soustraire à l'obligation fiscale. Une fois que le contribuable constate une faible vigilance et laxisme avéré dans le chef de l'Administration fiscale lors du contrôle des impôts, ce dernier met en œuvre certains procédés malhonnêtes comme notamment la non-présentation des marchandises, l'importation frauduleuse, etc.

§4. Les procédés de la fraude fiscale

Sont considérés, comme fraudes fiscales, les comportements ci-après :

- Le refus de la déclaration ou le fait d'oublier délibérément de souscrire à sa déclaration d'impôt ou encore la dissimulation dans la déclaration d'impôt de certains biens ou revenus imposables ;
- La diminution de l'impôt ;
- Les formes de la fraude fiscale spécifiquement internationale ;

- L'organisation de l'insolvabilité pour échapper au paiement des impôts.

1. Fraude fiscale par refus de déclaration

Parmi ces fraudes, on retiendra notamment :
- la non présentation de la marchandise ;
- le transfert à l'étranger des sources de revenus ;
- la soustraction de la matière imposable ;
- la dissimulation matérielle et comptable ;
- la fausse qualification juridique ;
- la domiciliation fictive.

a. La non présentation de la marchandise

La non présentation des marchandises est liée à l'importation ou à l'exportation de la marchandise. Autrement dit, cela concerne aussi la non déclaration de l'existence de marchandises prohibées[10]. Elle se traduit très souvent par de fausses déclarations à l'aide de certaines factures ou certificats ou de tout autre document inexact, incomplet ou non applicable.

b. Le transfert à l'étranger des sources de revenus

Il s'agit essentiellement des mouvements de capitaux et de valeurs tant mobilières qu'immobilières vers l'extérieur du pays ; plus spécialement, vers les paradis fiscaux. Un paradis fiscal désigne un pays ou territoire avec certaines fiscalités et règlementations réduites ou même parfois nulles. Ici, les taux d'imposition sont très bas voire inexistants.

[10] Article 386 de l'ordonnance-loi n° 10/002 du 20 aout 2010 portant code des douanes.

L'un des avantages les plus importants des paradis fiscaux est qu'ils offrent aux investisseurs un taux d'imposition bas ou nul sur le revenu. Cela peut être particulièrement attrayant pour les personnes à haute teneur en naissance qui cherchent à minimiser leur charge fiscale.

c. La soustraction de la matière imposable

D'après le principe de la territorialité de l'impôt, seuls les bénéfices réalisés au sein de l'entreprise installée dans un pays sont imposables dans ce pays. Dans ces conditions, les dirigeants de l'entreprise font souvent recours à des entreprises basées à l'étranger (qui servent de support à certains types d'opérations) pour diminuer les bénéfices imposables.

d. La dissimilation matérielle et comptable

Elle est aussi appelée fraude fiscale artisanale, beaucoup plus développée chez les avocats et les médecins car leurs profits ne sont pas souvent enregistrés, faute de la retenue à la source.

- La dissimulation matérielle

Cette dissimulation consiste pour le contribuable à soustraire des biens imposables à l'impôt. Elle s'appelle également fraude artisanale ou dissimulation d'un revenu. L'Administration fiscale fait une distinction entre les revenus qu'elle peut contrôler soit par le système de déclaration auprès des tiers, soit par le recoupement, et d'autres qu'il lui est difficile de vérifier.

Par exemple, la dissimulation est difficile pour les impôts professionnels sur les rémunérations parce qu'ils font partie des charges déductibles de l'employeur et que ce dernier, pour l'imposition, procède à un système de retenue à la source.

En revanche, les revenus non déclarés par les tiers engendrent des dissimulations matérielles. C'est le cas des professions libérales du fait que les honoraires sont souvent versés en espèce.

- La dissimulation comptable

Elle vise des manœuvres, qui aboutissent à fausser les éléments de la comptabilité afin de faire échapper des bénéfices ou d'autres revenus de l'imposition. Pour les PME, cette dissimulation, dite fraude industrielle, est relativement aisée puisque la comptabilité est tenue par le chef d'entreprise en personne.

Le chef d'entreprise étant seul au courant des dissimulations qu'il a effectuées et qu'il a régulièrement enregistrées dans sa comptabilité peut procéder à une fraude systématique sur certains types d'affaires à condition d'avoir une entente préalable avec un fournisseur ou un client. Les contrôles fiscaux ne permettront pas de déceler les opérations de fraude en raison de l'impossibilité de recoupement des éléments de comptabilité.

En revanche, au sein de grandes entreprises, les services étant très spécialisés, notamment celui de la comptabilité, toute affaire fraudée suppose la complicité de certains membres du personnel. Pendant le contrôle, ces personnes peuvent ne pas garder le secret.

e. La fausse qualification

C'est le fait de dénaturer le sens véritable d'une opération, ou même d'inventer des opérations fictives pour tromper l'Administration fiscale.

En témoignent les exemples suivants :

- Le fait de qualifier de dons les sommes offertes par une entreprise ou une société au moment où cet argent constitue en réalité une rémunération ;
- Le fait de déclarer certaines personnes de nationalité étrangère comme étant des actionnaires au lieu de les déclarer comme des salariés.

2. La fraude par diminution de l'impôt

Cette fraude se fait principalement à travers la manipulation des prix de transfert. Le prix est attribué aux échanges des biens ou des services et autres versements réalisés entre les unités d'une même multinationale.

L'expression « prix de transfert » peut également s'employer au niveau d'une entreprise nationale, c'est-à-dire une entreprise nationale composée de multiples dimensions agissant chacune comme centre de profit autonome. Le rapprochement entre le prix de transfert et les manœuvres engendrées par ce prix donne aux sociétés multinationales des avantages monétaires et fiscaux au détriment de certains gouvernements.

Les multinationales disposent de possibilités considérables pour moduler les prix de transfert de manière à alléger les charges fiscales. Parmi les procédés habituellement utilisés figurent :

- la majoration de prix d'achat à l'étranger ;
- la minoration de prix de vente ;
- le transfert de bénéfices de la société mère à une filiale, et inversement ;
- la rémunération de services fictifs.

a. La majoration de prix d'achat à l'importation

La fraude est plus nettement caractérisée lorsque l'achat à l'importation avec un prix majoré est effectué par l'intermédiaire d'une société établie dans un paradis fiscal, qui ne prend aucune part réelle dans l'opération.

Par exemple, une société congolaise importe des vêtements de Hong-Kong (alors que ces vêtements sont facturés par une société suisse à la société congolaise). Il y a là manifestement un contour inutile des voies empruntées par ces vêtements afin d'augmenter le prix d'achat à l'importation et permettre à l'importateur de déduire ces frais de son bénéfice imposable.

b. La minoration des prix de vente à l'exportation

Il y a plusieurs manœuvres pour minorer le prix au niveau international. Par exemple, un exportateur du pays A vend des marchandises à un importateur du pays B ; puis, à la suite d'une dévaluation (clause d'indexation), il émet des notes de débit représentant un supplément de prix.

Le supplément n'est pas comptabilisé mais donne lieu au versement d'un montant donné dans un paradis fiscal. La banque du paradis fiscal prête alors une partie de ce montant versé à l'entreprise du pays A. Le solde est employé pour un placement et un investissement en faveur du dirigeant de l'entreprise du pays A.

c. Le transfert de bénéfice de la société-mère à la société filiale et vice versa

Généralement, ce transfert s'effectue par la technique suivante : la maison-mère procède à la majoration de prix d'achat de la marchandise provenant d'une de ses filiales. De même, pour obtenir le même résultat ou l'accumulation des avantages, la maison mère peut également minorer le prix de vente de la marchandise destinée à sa filiale étrangère.

Par exemple, soit une société belge A, qui vend un produit à une autre société belge B. Pour éluder l'impôt, la société A vendra son produit à un prix minoré à sa filiale C située dans un pays étranger, dont la pression fiscale est fiable. La filiale C revendra alors à un prix normal le produit à la société B.

À travers cette opération, la société A diminue son bénéfice imposable (en minorant le prix de vente à sa filiale C) et obtient ainsi un remboursement de la TVA en raison de l'exportation du produit. Quant à la filiale C, elle ne supportera l'imposition que sur la différence entre le prix normal et le prix minoré dans un pays où le taux d'imposition est faible.

3. Les formes de la fraude fiscale internationale

Les formes les plus connues concernent :
- la rémunération de services fictifs ;
- la perception des revenus réels par une société étrangère fictive ;
- la fausse qualification juridique.

- La rémunération de services fictifs

La fraude peut être décelée à l'occasion des versements d'une redevance issue d'une étude effectuée au profit d'une personne morale ou privée. Elle peut également être constatée lors des versements d'une redevance pour exploitation d'une marque commerciale.

Dans la première hypothèse, il s'agit, par exemple, d'une société qui paie très cher un mémoire à une société d'étude installée dans un paradis fiscal. Cette étude, imprimée sur des papiers de luxe, est composée presque exclusivement d'articles d'analyse ou de réflexion provenant des institutions nationales et reproduites comme telles.

Dans la deuxième hypothèse, il s'agit par exemple d'une concession fictive de marque. Autrement dit, la société A cède une marque dont elle est propriétaire à une société étrangère dans des conditions juridiques irrégulières.

- La perception des revenus réels par une société fictive

La fraude peut être réalisée au moyen d'une société étrangère percevant la rémunération de prestations de services rendus par des contribuables domiciliés dans un autre État. Lorsque la société étrangère se révèle purement fictive, l'opération peut s'analyser comme une manœuvre caractéristique de la fraude fiscale. C'est le cas des redevances dues par un *impresario* sur la vente de disques à l'étranger.

- La fausse qualification juridique

Un des procédés employés consiste à rapatrier des redevances sous forme de dividendes. On suppose l'existence de taux d'imposition différents suivant qu'il s'agit des dividendes ou des redevances.

4. L'organisation délibérée de l'insolvabilité du contribuable pour échapper à l'impôt

L'organisation frauduleuse d'insolvabilité est le fait de s'appauvrir frauduleusement dans le but de se soustraire à une obligation de paiement relative à une décision administrative ou judiciaire. C'est donc un délit qui consiste en l'organisation de son insolvabilité de manière délibérée pour échapper à ses créanciers[11].

L'impôt étant une dette, dont l'État est créancier, tous les moyens peuvent être mis à contribution pour empêcher que l'appauvrissement volontaire du contribuable défaillant ne touche pas à cette principale ressource privilégiée de l'État.

a. Les caractéristiques de l'organisation délibérée d'insolvabilité

Il convient de rappeler que la caractérisation de l'organisation frauduleuse d'insolvabilité présuppose l'existence d'une infraction patrimoniale ou d'un certain nombre de créances fiscales condamnées par la justice. L'auteur peut donc être une personne physique ou morale.

Ainsi, parmi les actes constitutifs du délit d'organisation frauduleuse d'insolvabilité, on compte :
- la diminution de l'actif du patrimoine (abdication de la propriété d'un bien),
- l'augmentation du passif (dettes, obligations),
- la dissimulation de biens (virements de fonds à l'étranger) et
- la dissimulation d'une partie de ses revenus.

Comme l'élément moral doit être également pris en considération, il est, en effet, nécessaire de prouver la volonté de se soustraire au paiement des sommes dues par ces actes mentionnés plus-haut.

[11] Samuel ZUBAROGLU : Qu'est-ce que l'organisation frauduleuse d'insolvabilité ? disponible sur https://www.alexia.fr/fiche/10777/qu-est-ce-que-l-organisation-frauduleuse-d-insolvabilite.htm consulté le 10 octobre 2023 à 14 h 21.

b. Le fisc et l'organisation de l'insolvabilité

Confrontés à l'organisation de l'insolvabilité fiscale, l'Administration fiscale au stade de l'établissement de l'impôt et le trésor public au stade du recouvrement peuvent recourir aux procédures spécifiques du droit pénal fiscal ou du recouvrement accéléré sans pour autant renoncer au droit commun du code civil par l'utilisation de l'action directe ou de l'action en simulation.

Le trésor public dispose de moyens permettant d'assurer le recouvrement forcé des créances fiscales envers les contribuables et autres débiteurs solidaires d'impôts, notamment par voie de saisie mobilière ou immobilière.

Cependant, lorsque ceux-ci tentent de se soustraire frauduleusement au paiement de l'impôt, notamment en organisant leur insolvabilité, les dispositions répressives du code des impôts comme celles mises à la disposition de tout créancier par le code civil permettent de conforter les mesures que le trésor public met en œuvre pour lutter contre cette insolvabilité frauduleusement organisée.

§5. Les conséquences de la fraude fiscale

1. Sur le plan national

La fraude fiscale provoque quatre conséquences majeures, à savoir la diminution du rendement à travers la baisse des recettes fiscales, l'atteinte à la justice sociale en favorisant l'expansion des activités des fraudeurs au détriment de ceux, qui remplissent loyalement leurs obligations fiscales, en portant atteinte au libre jeu de la concurrence et en instituant la mentalité d'assisté.

A. La diminution de rendement

La fraude fiscale provoque, par nature, la diminution du rendement de l'impôt occasionnée par de manques à gagner résultant notamment de la multiplicité et de la prolifération des procédés illégaux utilisés.

Dans le cas d'espèce, les responsables de l'Administration fiscale chercheront à compenser la perte des recettes subie en répercutant l'impôt par des élévations des taux de prélèvement. Bien plus, la fraude fiscale peut obliger les pouvoirs publics soit à créer de nouveaux impôts, soit à recourir à l'emprunt ou aux procédés monétaires.

B. L'atteinte à la justice sociale

La fraude fiscale porte atteinte à la justice sociale parce qu'elle crée des inégalités entre les contribuables devant l'impôt. Autrement dit, la charge fiscale est transférée des fraudeurs aux honnêtes citoyens, qui ne veulent ou ne peuvent pas violer la loi fiscale.

Les causes particulières, qui amplifient les inégalités à travers la fraude fiscale, sont très variées, notamment :

- l'inégalité relative aux contribuables contrôlables et aux contribuables non contrôlables ;
- l'inégalité entre les contribuables astreints à une comptabilité et les contribuables qui en sont dispensés ;
- l'inégalité engendrée par le civisme ou l'incivisme des contribuables ;
- l'inégalité découlant de la possibilité ou non de transformer certains revenus en pseudo revenus, gains ;
- l'inégalité découlant des différences qu'il y a dans l'imagination des combinaisons pour la fraude fiscale ;
- l'inégalité entre les contribuables riches et les contribuables pauvres.

C. Les méfaits économiques de la fraude fiscale

Dans un régime à économie de marché, la fraude fiscale porte atteinte au libre jeu de la concurrence et fausse les structures de certaines personnes physiques ou morales, tout comme elle contribue à la survie des entreprises marginales. Cette conséquence est particulièrement évidente pour les personnes physiques ou morales désignées redevables légaux qui ne versent pas à l'Administration fiscale le montant de l'impôt perçu des contribuables.

D. L'institution d'une mentalité d'assisté

La fraude fiscale peut conduire l'État à instituer une mentalité d'assisté (entre ses administrés lésés par des taux excessifs de prélèvement résultant de la compensation des impôts éludés et d'autres contribuables).

2. Sur le plan international

À ce niveau, la fraude fiscale peut :

- susciter une animosité entre, d'une part, les États bénéficiaires de la fraude fiscale internationale et, d'autre part, ceux qui supportent le poids de ce phénomène ;
- être à l'origine des conflits sociopolitiques entre deux ou plusieurs États à cause des impositions divergentes ;
- permettre l'installation de structures économiques internationales malsaines.

La fraude fiscale est donc très différente de l'évasion fiscale, qui est analysée dans les lignes suivantes.

Section II. CONSIDÉRATIONS SUR L'ÉVASION FISCALE

Le décryptage de l'évasion fiscale passe par la compréhension de son contenu, sa différence avec la fraude fiscale, sa typologie, ses causes ainsi que ses conséquences.

§1. Le contenu d'évasion fiscale

L'évasion fiscale peut se définir comme une action visant à soustraire à l'impôt tout ou une partie de la matière imposable sans contrevenir formellement à la loi. L'évasion fiscale n'est donc pas constitutive d'une illégalité. Il s'agit pour le contribuable d'organiser sa situation de façon à passer à travers les mailles du filet fiscal.

La pratique de l'évasion fiscale consiste à ignorer délibérément une partie précise de la loi. Une source importante d'évasion fiscale est la dissimulation d'activités économiques à l'État par des citoyens et des entreprises, qui agissent ainsi afin de remettre moins d'argent qu'ils ne le devraient au fisc[12].

Par exemple, un citoyen ou une entreprise, qui dissimule délibérément des revenus ou une partie de son chiffre d'affaires afin de payer moins d'impôt s'adonne à l'évasion fiscale. Il en est de même pour des travailleurs et des entreprises, qui demandent frauduleusement des remboursements de taxes.

---

[12]Qu'est-ce que l'évasion fiscale, disponible sur *https://www.revenuquebec.ca/fr/une-mission-des-actions/assurer-la-conformite-fiscale/evasion-fiscale/quest-ce-que-levasion-fiscale/#*, consulté le 11 mars 2023 à 14 h 30.

Certains domaines, comme la construction et la restauration, sont particulièrement touchés par l'évasion fiscale et le travail au noir. La vente illicite du tabac, des transactions immobilières, les placements et les investissements constituent également des sources importantes d'évasion fiscale.

Par ailleurs, certains contribuables, tant des particuliers que des entreprises, parviennent à échapper à leurs obligations fiscales en s'appuyant, dans certains cas, sur des planifications, qui ne respectent pas l'esprit de la loi fiscale, ou en ayant recours aux paradis fiscaux.

L'évasion fiscale est une zone grise à l'intersection de l'optimisation et de la fraude. Elle recouvre l'ensemble des comportements des particuliers ou des entreprises, qui visent à réduire le montant des impôts, dont ils doivent normalement s'acquitter *via* des montages sans véritable substance économique justifiant ces comportements.

C'est le cas lorsque des particuliers ou des entreprises délocalisent artificiellement leurs revenus ou leurs bénéfices dans un pays différent de celui où ils ont leurs activités économiques, et où les taux d'imposition sont très faibles, voire nuls comme dans les paradis fiscaux[13].

L'évasion fiscale consiste à abuser des failles du système, un système fiscal dépassé car il ne correspond plus à la réalité du monde économique d'aujourd'hui. Bien que jouant sur un terrain plus ou moins légal, l'évasion fiscale

---

[13] Évasion fiscale : définition, conséquences et solutions, disponible sur https://www.oxfamfrance.org/inegalites-et-justice-fiscale/evasion-fiscale-definition-consequences-solutions/, consulté le 11 mars 2023 à 15h 10.

profite surtout du flou juridique entraîné par les changements profonds qu'a connus l'économie mondiale ces dernières décennies.

Les paradis fiscaux sont les premiers maillons de la chaîne de l'évasion fiscale. Sans eux, les grandes entreprises et riches particuliers ne pourraient pas pratiquer l'évasion fiscale. Un paradis fiscal est un pays ou un territoire, qui a délibérément adopté des lois et des politiques fiscales permettant à des particuliers ou à des entreprises de réduire au maximum leurs impôts dans les pays où ils sont réellement actifs.

Les paradis fiscaux ont souvent pour caractéristiques communes et proposent, notamment :

- des avantages fiscaux à des particuliers ou à des entreprises, sans exiger une réelle activité sur place ;
- un taux d'imposition très faible, voire nul ;
- l'absence de transparence : ces pays ont adopté des lois ou des pratiques administratives, qui empêchent l'échange automatique d'informations, notamment dans le cadre de procédures fiscales avec d'autres États ;
- des dispositions légales, administratives ou judiciaires, qui assurent le secret sur l'identité des détenteurs réels des entreprises, trust, etc. ou sur celle des propriétaires d'actifs ou de droits.

§2. La distinction entre la fraude fiscale et l'évasion fiscale

L'évasion fiscale se démarque de la fraude fiscale du fait de ses conséquences juridiques. Elle consiste donc pour le contribuable à utiliser les possibilités, qui lui sont offertes par la législation, par son absence, son abdication, son imprécision ou ses lacunes, afin de minimiser l'imposition ou d'échapper à toute charge fiscale.

Dans ces hypothèses, le contribuable n'encourt aucune sanction, parce que c'est la loi elle-même qui, de par son contenu, son absence ou ses lacunes permet d'éviter l'impôt. Par exemple, les forfaits, les déductions, etc.

§3. Les types d'évasion fiscale

Elle peut être organisée par la loi, tout comme elle peut résulter de son absence. Les premières évasions sont qualifiées d'internes. Quand il s'agit de l'utilisation des lacunes des textes légaux existant, cela peut constituer une évasion fiscale internationale.

1.. L'évasion fiscale qualifiée d'interne

A. L'évasion fiscale organisée par la loi fiscale

La manifestation la plus éclatante est le recours à des méthodes d'évaluation forfaitaire des revenus imposables. Cette approximation de la saisie de l'assiette conduit à une sous- évaluation de l'impôt.

Par exemple, l'article 13 alinéa 8 de l'ordonnance loi de 1969 dispose que le montant net des redevances s'entend de leur montant brut diminué des dépenses ou des charges exposées en vue de leur acquisition ou de leur conservation par le bénéficiaire. À défaut d'éléments probants, les dépenses ou les charges sont fixées forfaitairement à 30% du montant brut des redevances.

B. L'évasion par absence de la loi fiscale

Cette évasion provient du fait que la loi a omis de légiférer une matière imposable ou d'assujettir à l'imposition une personne normalement imposable. Il s'agit d'une matière ou d'une personne qui, objectivement, remplit toutes les conditions requises pour être soumise à l'impôt. Par exemple, l'ordonnance-loi de 1969 sur le régime forfaitaire des petites et moyennes entreprises, qui, dans son application, n'avait pas pris en compte les bureaux de change.

C. L'évasion fiscale par abdication du contribuable

Contrairement aux autres types d'évasion fiscale où il faut poser un acte, dans le cas d'espèce, l'assujetti s'abstient d'accomplir un acte normalement imposable. Exemple : refus ou abstention de vendre.

2. L'évasion fiscale considérée comme internationale

Elle peut se manifester au moment de l'assiette et pendant la perception de l'impôt.

A. Au moment de l'assiette

L'évasion fiscale peut provenir du choix du lieu d'imposition laissé au contribuable. Il consiste, pour le contribuable, à choisir d'être imposé dans un pays étranger à faible fiscalité au moyen d'une localisation fictive de ses revenus dans le pays, c'est-à-dire par la localisation irrégulière de la matière imposable et par la fixation du domicile fiscal dans un paradis fiscal appelé encore refuge fiscal.

Il arrive qu'un contribuable se soustraie à ses obligations fiscales en fixant irrégulièrement son activité professionnelle dans un pays étranger, alors que son occupation principale et son centre d'intérêt économique se trouvent là où il est domicilié. De même, il est fréquent qu'un contribuable installe, au courant d'une année fiscale, son domicile apparent dans un pays où la fiscalité est plus avantageuse que là où il réside normalement.

B. Au moment de la perception

Un contribuable peut éluder l'impôt au moment de la perception, soit en organisant son insolvabilité, soit en procédant par l'utilisation habile des dispositions légales qui lui sont applicables.

§4. Les causes de l'évasion fiscale

Plusieurs causes sont à la base de l'évasion fiscale tant dans le chef du contribuable que celui de l'Administration fiscale ou des dispositions législatives.

1. Les causes liées au contribuable

A. L'injustice fiscale

La justice fiscale a un rôle majeur à jouer dans la réduction du phénomène de l'évasion fiscale si le contribuable est convaincu de l'équité du régime fiscal. Dans ce cas, il s'acquittera de ses obligations volontairement. Par justice, il faudra entendre la répartition équitable des charges fiscales entre les membres de la société. Ainsi, l'évasion fiscale et le sentiment d'injustice face au système fiscal s'alimentent mutuellement. L'injustice fiscale peut donner au contribuable le sentiment d'être le seul à payer l'impôt.

B. La pression fiscale

La pression fiscale est définie comme la relation qui existe entre le prélèvement fiscal supportée par une personne ou un groupe social et le revenu obtenu par cette personne ou ce groupe. Le taux de la pression fiscale mesure le poids des impôts dans l'économie d'un pays. Il se calcule en divisant le montant des impôts sur une année, le tout multiplié par 100.

C. L'absence de conscience fiscale

La conscience fiscale est considérée comme l'un des moyens les plus importants d'assistance à tout système fiscal afin d'atteindre ses objectifs d'accroître l'efficacité fiscale et d'atteindre ses objectifs économiques et sociaux. Malheureusement, l'inconscience fiscale est considérée comme normale en RDC.

Concernant les raisons de l'absence de la conscience fiscale, elles sont nombreuses et principalement représentées dans le fait que le contribuable est absent du théâtre fiscal ; et donc, il se sent isolé et aliéné par rapport à l'Administration fiscale alors que c'est lui qui est concerné par l'impôt.

Par conséquent, l'absence de la conscience fiscale conduit essentiellement à contourner les lacunes de la loi et au refus du paiement de l'impôt, lesquels résument les deux méthodes de corruption et d'évasion fiscale par le contribuable.

D. L'incivisme fiscal

L'incivisme fiscal peut être appréhendé comme l'ensemble des manœuvres ou des comportements utilisés par les contribuables pour éviter de payer leurs impôts et taxes. En revanche, le civisme fiscal, défini comme la motivation intrinsèque du paiement de l'impôt, est un aspect primordial des systèmes fiscaux puisque la plupart d'entre eux doivent l'essentiel de leurs recettes au respect spontané de leurs obligations par les contribuables.

Le civisme fiscal est une question d'état d'esprit, de mentalité et de comportement. En fait, c'est une question de respect spontané des obligations déclaratives et de paiement de l'impôt.

2. Les causes liées à l'Administration fiscale et aux dispositions législatives

Il est généralement admis que la fuite devant l'impôt constitue pour le contribuable une soupape de sûreté et le moyen le plus efficace de défense contre une pression fiscale.

A. Les causes législatives

Les causes législatives sont parmi les causes les plus importantes de l'évasion fiscale ; et cela est dû aux dispositions législatives contenant des lacunes grâce auxquelles les contribuables peuvent se débarrasser du paiement de l'impôt. Cela peut être aussi dû à l'imprécision de la législation fiscale, qui est souvent publiée précipitamment dans les pays en développement.

B. La complexité du système fiscal

Il y a un dicton commun selon lequel le texte fiscal vague présente un risque pour l'impôt. Bien que le contenu de cet adage nécessite de simplifier les procédures et la flexibilité de la relation entre l'Administration fiscale et le contribuable, il est trop compliqué, non seulement en termes de langue, mais aussi en termes de contenu.

Les caractéristiques du système fiscal ont des impacts sur l'évasion fiscale et le consentement à l'impôt. Notamment, la complexité de la loi fiscale peut favoriser l'évasion lorsqu'elle instaure un flou et des failles que le contribuable désireux de se soustraire à l'impôt peut exploiter.

En effet, certains contribuables peuvent commettre de bonne foi des erreurs d'interprétation des textes législatifs et réglementaires ou de la doctrine administrative, faute de disposer d'une réglementation simple et de pouvoir payer ou de bénéficier de conseils adaptés.

C. Absence de coordination entre les services du ministère des finances

La collaboration entre les services du Ministère des Finances et le service des impôts laisse beaucoup à désirer. Ces différents services (DGDA, DGI, DGRAD et Régies des recettes provinciales) disposent conjointement des renseignements, dont l'exploitation et la circulation peuvent conduire les services des impôts à une appréhension plus exacte de la matière imposable.

Elle constitue, de surcroît, un élément de recoupement susceptible d'éclairer les services d'assiette au moment de la vérification des déclarations faites par les contribuables. On peut citer, à titre d'exemple, dans le domaine de l'immobilier, les informations que peut communiquer le conservateur des titres immobiliers quand il s'agit d'apprécier les prix de cession des biens immobiliers.

§5. Les conséquences de l'évasion fiscale

1. L'impact de l'évasion fiscale sur le plan financier et économique

L'évasion fiscale affecte négativement l'économie des pays dépendant des impôts pour leurs revenus ; et ce phénomène a d'énormes implications, dont les plus importantes sont analysées dans les lignes suivantes.

A. L'impact de l'évasion fiscale sur le plan financier

Il est clair que la principale conséquence de l'évasion fiscale est le manque à gagner pour le trésor public. L'importance de ce manque varie proportionnellement à celle de l'évasion fiscale dans un pays donné. Elle inflige de lourdes pertes au pays par le canal des contribuables, qui échappent au paiement des impôts. Elle conduit également à une diminution du revenu national et entraîne inévitablement une baisse du niveau de revenu par habitant.

En outre, l'évasion fiscale entraîne une dépréciation de la monnaie nationale, en raison de la thésaurisation non autorisée de fonds, qui, à son tour, provoque une inflation monétaire au niveau du marché monétaire.

Par conséquent, quand on sait à quelle échelle stupéfiante se situe la dimension de l'évasion fiscale dans les pays en développement, il n'est pas difficile d'imaginer l'ampleur de l'hémorragie budgétaire dans ces pays.

B. L'impact de l'évasion fiscale sur le plan économique

La fraude fiscale et l'évasion fiscale affectent considérablement les processus de production et de commerce internes et externes qui retardent la réalisation du développement ou du progrès économique. En plus, la dissimulation par le contribuable de ses bénéfices sur l'Administration fiscale conduit à une raréfaction des fonds ou à l'ouverture des comptes bancaires à l'étranger ou à l'investissement de ces fonds dans des pays où les déductions fiscales sont faibles ou inexistantes.

C. L'impact de l'évasion fiscale sur le plan social

Le principe de justice fiscale fait partie des principes fiscaux les plus importants. Ce principe est basé sur la nécessité de l'égalité de tous les citoyens face à la charge fiscale ; et l'impôt est utilisé pour redistribuer le revenu national au profit des groupes pauvres et à revenus limités.

Par exemple, ceci n'est possible que si le législateur fiscal décide de réduire la charge fiscale de certaines institutions et associations, qui fournissent des services sociaux.

Le phénomène de l'évasion fiscale a pour effet de faire abstraction du principe de justice fiscale et d'égalité sociale entre les membres de la société et augmente les différences de classe entre eux, en plus d'autres effets, notamment :

- la propagation du phénomène de corruption où les contribuables corrompent les agents fiscaux pour réduire le montant de l'impôt ;
- la détérioration du sens fiscal des contribuables en raison de la propagation de la fraude et de la tromperie, et la détérioration du facteur d'intégrité dans les transactions économiques ;
- l'inégalité entre les contribuables et l'augmentation des disparités sociales.

D. L'impact de l'évasion fiscale sur le plan politique

L'évasion fiscale conduit à une mauvaise répartition des charges fiscales, qui fait que les citoyens se sentent inégaux dans l'application du principe fiscal. Ce qui affaiblit leur confiance dans le système politique de l'autorité au pouvoir et met en évidence le mécontentement et la haine contre cette autorité avec cette possibilité de conduire à l'émergence les troubles dans le pays.

Section III. MÉCANISMES DE LUTTE CONTRE LA FRAUDE ET L'ÉVASION FISCALE

Plusieurs mécanismes peuvent être mis en contribution pour lutter efficacement contre la fraude et l'évasion fiscale.

§1. Les mécanismes de lutte du droit fiscal interne

Pour lutter contre la fraude et l'évasion fiscales, l'Administration fiscale a constitué un arsenal par des textes et pratiques ; en outre, elle a développé une compétence d'une efficacité singulière. Toutefois, l'efficacité de ces mesures paraît limitée dans la mesure où elles ne s'accompagnent pas de conventions d'assistance mutuelle. Pour lutter contre l'ensemble de ces phénomènes, la RDC s'est engagée dans la voie de la prévention et de la répression.

1. Les mesures préventives

L'Administration fiscale est appelée à adopter une politique de modération des taux d'impôt sur le revenu et sur le capital, à travers :

A. Le civisme fiscal

Le civisme fiscal, comme la motivation intrinsèque du paiement de l'impôt, est un aspect primordial des systèmes fiscaux puisque la plupart d'entre eux doivent l'essentiel de leurs recettes au respect spontané de leurs obligations par les contribuables.

B. La retenue à la source ou stoppage à la source

La retenue à la source[14] constitue une modalité du recouvrement de l'impôt sur le revenu, en particulier, en ce qui concerne les salaires et les revenus des valeurs mobilières.

Dans ce système, le prélèvement de l'impôt est effectué directement par celui, qui verse le revenu (employeur, banque) sur le montant des revenus effectivement versés au bénéficiaire. Les retenues ainsi opérées sont versées au fisc ; elles sont définitives sous réserve des ajustements nécessaires en fin d'année. Elle consiste à déduire l'impôt avant versement du revenu.

La retenue à la source présente de nombreux avantages. En premier lieu, elle permet une régularisation des rentrées fiscales en étalant la perception des recettes tout au long de l'année.

Elle simplifie également le travail de l'Administration fiscale, qui se décharge de ses tâches d'assiette et de recouvrement sur un nombre relativement réduit de collecteurs d'impôts, en particulier, les employeurs. Enfin, du point de vue du contribuable, l'impôt perçu à la source est mieux supporté puisque le prélèvement est fractionné et étalé dans le temps. Tout cela explique le succès de ce système commode de recouvrement de l'impôt.

C. L'acompte provisionnel

Les acomptes provisionnels sont des paiements que vous effectuez tout au long de l'année pour couvrir les impôts

---

[14] Retenue à la source, disponible sur *https://www.universalis.fr/encyclopedie/retenue-a-la-source/*, consulté le 6 mars 2023 à 13 h 20.

que vous payez normalement en une seule fois le 30 avril de l'année suivante.

D. Le précompte BIC

Le précompte "BIC" est une modalité de recouvrement de l'impôt sur les bénéfices et les profits qui consiste à retenir, à chacune des opérations déterminées par la loi et rentrant dans le cadre de l'exercice de la profession du contribuable visé, une quotité du montant de l'opération à valoir sur l'impôt définitif[15].

Le précompte BIC n'est donc pas un nouvel impôt car si celui-ci charge le prix ou le coût d'achat ou de revient celui-là ne peut en aucun cas être considéré comme tel sans être complètement dénaturé. Des opérations et des personnes visées par le précompte BIC sont des importations et les exportations, les ventes en demi-gros et en gros ainsi que les prestations de services et les travaux immobiliers.

a. Les importations et les exportations

Les importations et les exportations sont des opérations donnant lieu au calcul du précompte BIC dans le chef des personnes qui les réalisent, dans la mesure où ces personnes sont assujetties à l'impôt sur les bénéfices. Ainsi, les importations et exportations, pour donner lieu au calcul du précompte, doivent revêtir un caractère commercial direct ou indirect. Le précompte est également dû en cas de supplément des droits de douanes.

---

[15] Circulaire ministérielle n°008 du 7 août 1998 : interprétation nécessaire à l'application des modalités de calcul et de perception des acomptes et précomptes de l'impôt sur les bénéfices et profits.

Cependant, même ayant ce caractère, lorsqu'elles sont totalement exonérées des droits de douanes, ces opérations ne font pas non plus l'objet du précompte BIC ; l'objectif poursuivi étant de ne pas réduire l'impact des exonérations douanières, qui répondent toujours à des nécessités reconnues par l'État.

b. Les ventes en gros et en demi-gros

Les ventes en gros et demi-gros réalisées, notamment par les fabricants locaux ou les importateurs doivent nécessairement faire l'objet de calcul du précompte BIC. En effet, de par leur nature, ces opérations sont éminemment commerciales et ne devraient être effectuées qu'entre commerçants, c'est-à-dire des personnes incontestablement redevables à l'impôt sur les bénéfices, sauf exonération expresse de la loi.

Le cumul des marges bénéficiaires étant prohibé par la loi[16]. Il n'est pas, en principe, normal que le grossiste vende aussi au détail, c'est-à-dire directement au consommateur avec une autre marge, car, ce faisant, il violerait cette loi et mènerait une concurrence déloyale aux détaillants.

En matière de vente, le précompte BIC est dû même si la vente est faite à crédit ou à tempérament car les arrangements entre clients sur la base de la confiance qu'ils se font ne peuvent avoir de l'incidence sur les dispositions légales. Ainsi, le fabricant, le producteur ou l'importateur, qui vendrait ses produits à crédit doit néanmoins exiger de son client, lors de la facturation, le

---

[16] Arrêté n°017 du 1er juillet 1996 portant mesures d'exécution du décret-loi du 20 mars 1961 modifié par la loi organique du 9 juillet 2018 sur la liberté de prix et de concurrence.

paiement du précompte BIC. De plus, le précompte payé reste acquis au trésor public même en cas d'annulation d'une vente.

Par ailleurs, toutes les considérations relatives notamment à la protection de l'industrie locale, victime de la concurrence déloyale due aux importations (ou exportations), ne devraient pas être soulevées en matière de précompte BIC lorsqu'on en saisit les mécanismes et ne pourraient trouver des solutions que de plusieurs autres manières dans un tout autre cadre, comme la répression de la fraude douanière matérielle ou documentaire, l'aménagement du tarif douanier, etc.

c. Les prestations de services et les travaux immobiliers

Les prestations de services de toute nature ainsi que les travaux immobiliers sont des opérations qui donnent lieu à la retenue du précompte BIC dans la mesure où le bénéficiaire des prestations ou le maître de l'ouvrage est une personne morale, même non commerçante. En matière de prestations des services et des travaux immobiliers, la retenue du précompte BIC ne peut normalement porter que sur des éléments du chiffre d'affaires contenus dans la facture.

Ainsi, par exemple, une société qui engage et encadre des travailleurs journaliers au profit d'une autre et dont la facture comprend, en plus de ses honoraires, les rémunérations de ces travailleurs, ne devraient payer le précompte que sur ses honoraires.

De même, pour l'entrepreneur des travaux immobiliers, le précompte ne devrait être retenu que sur ses honoraires (main d'œuvre), à l'exclusion du prix de revient des matériaux et matières contenu dans le devis, sauf lorsqu'ils sont fournis par l'entrepreneur lui-même. II en est également ainsi pour le commissionnaire.

D. L'assimilation de l'étranger au national

Ce principe est édicté par l'article 174 alinéa 2 de la constitution du 18 février 2006[17] dispose que *la contribution aux charges publiques constitue un devoir pour toute personne vivant en République démocratique du Congo.* C'est pourquoi, toucher à l'impôt c'est empêcher l'État de couvrir les charges publiques. Ce principe assimile tout étranger vivant en RDC au national.

E. Le droit de communication, le droit de vérification, les demandes de justification et d'explication

La loi fiscale prévoit que l'Administration fiscale peut demander au contribuable des renseignements, des justifications ou des éclaircissements relatifs aux déclarations souscrites ou aux actes déposés. Alors que la demande d'éclaircissements n'a qu'un caractère gracieux, la demande de justifications appelle une réponse probante de la part de l'assujetti. Si cette réponse n'est pas jugée satisfaisante, l'Administration fiscale peut procéder à l'imposition d'office.

Autrement dit, la demande d'éclaircissements a pour but d'obtenir du contribuable des explications pour la compréhension de certains éléments, tandis que la demande de justifications oblige le contribuable à apporter des justifications qui sont plus restrictives avec des conséquences plus rigoureuses.

---

[17] Article 174 alinéa 2 de la constitution du 18 février 2006.

La demande d'éclaircissements est adressée au contribuable lorsque sa déclaration contient des points incohérents, obscurs (des différences avec les déclarations antérieures, avec les informations fournies par les tiers), et elle l'invite à fournir des explications sur ces incohérences.

En cas d'insuffisance persistante, l'Administration fiscale peut demander au contribuable des justifications au sujet de[18] :

- la situation du contribuable et de ses charges de famille ;
- des charges retranchées du revenu net global ou ouvrant droit à une réduction d'impôt sur le revenu (factures, emprunt contracté, versement d'une pension, etc.) ;
- des avoirs ou revenus d'avoirs à l'étranger ;
- de tous les éléments servant de base à la détermination du revenu foncier et des gains de cession de valeurs mobilières ou de droits sociaux ;
- des éléments permettant d'établir que le contribuable peut avoir des revenus plus importants que ceux qu'il a déclarés.

La demande d'éclaircissements ou de justifications est une procédure plus contraignante pour le contribuable, et davantage encadrée pour l'Administration fiscale, qui doit formaliser sa demande par lettre recommandée avec accusé de réception en étant suffisamment précise et explicite. Ainsi, le contribuable dispose d'un délai minimum pour répondre, le cas échéant ; en cas d'une réponse insuffisante ou non pertinente, elle entraîne la taxation d'office.

---

[18] Aurélie Boudu, *op.cit.* p. 82.

En ce qui concerne le droit de communication, l'Administration fiscale dispose d'un véritable droit de communication. Ce droit permet aux agents de l'Administration fiscale, pour l'établissement de l'assiette et le contrôle des impôts, d'avoir connaissance de certains documents et renseignements. Ce droit vaut aussi bien pour les contribuables que pour les tiers.

Le droit de communication de l'Administration fiscale s'exerce naturellement auprès d'un certain nombre de personnes publiques ou privées, les employeurs, les administrations publiques, les fabricants de métaux précieux. Les notaires, huissiers de justice, greffiers, les autorités administratives pour les actes qu'elles rédigent, doivent communiquer leurs répertoires aux agents de l'Administration fiscale, qui se présentent chez eux pour les vérifier.

Autrement dit, il fait obligation à toute personne physique ou morale, de droit public ou privé, de porter à la connaissance de l'Administration fiscale toute indication, dont elle pourra avoir besoin, de nature à faire présumer une fraude commise en matière fiscale ou une manœuvre quelconque ayant pour objet ou résultat de frauder ou de compromettre un impôt.

Ainsi, le droit de communication s'exerce sans formalité d'aucune sorte. Ce droit n'implique pas l'assistance d'un conseil et peut être exercé autant de fois et aussi longtemps que l'Administration fiscale le désire[19].

---

[19] Jean-Pierre CASIMIR et Martial CHADEFAUX, *Droit fiscal, Manuel et applications*, Groupe Revue fiduciaire, Paris, 2010-2011, p.564.

Le champ d'application du droit de communication est extrêmement vaste, mais celui-ci doit obligatoirement être prévu par un texte. Si tel n'est pas le cas, l'intéressé peut refuser de répondre aux services fiscaux.

On notera que le refus de répondre et de communiquer les renseignements ou documents demandés n'entraîne évidemment aucun rehaussement puisque la situation fiscale de celui qui a failli n'est pas en jeu. Le défaut de répondre à une demande de communication expose le contribuable failli à des amendes ou astreintes.

Tel est le cas dans le domaine de l'impôt sur le revenu, lorsque l'Administration fiscale demande au contribuable certaines justifications, notamment lorsqu'elle a réuni des éléments permettant d'établir que le contribuable peut avoir des revenus plus importants que ceux qu'il a déclarés.

Il est aussi important de comprendre que le fait que l'inertie du contribuable ne soit pas sanctionnée par une taxation d'office ne veut pas dire que celui-ci n'aura plus de nouvelles du vérificateur.

L'Administration fiscale mettra simplement fin aux opérations de contrôle et notifiera, si nécessaire, les rehaussements, qui lui semblent correspondre à la situation fiscale de l'intéressé, à charge pour ce dernier de contester ces rehaussements et donc de répondre aux services fiscaux.

E. Le contrôle sur pièce et sur place

Le contrôle sur pièce consiste en un contrôle formel et sur pièces[20] :

- Le contrôle formel consiste à corriger les erreurs matérielles évidentes commises par le contribuable. Ce contrôle formel est automatique et concerne tous les contribuables. L'informatique et le recoupement des données déclarées par les tiers permettent de réduire le nombre d'erreurs de ce type ;
- Le contrôle sur pièces est réalisé à la lumière d'éléments que l'Administration fiscale possède déjà (déclarations fiscales antérieures, déclarations des tiers, etc.).

Le contrôle sur place permet à l'Administration fiscale de s'assurer de l'exactitude et de la sincérité des déclarations souscrites par le contribuable :

- La vérification de comptabilité permet à l'Administration fiscale de vérifier dans les locaux de l'entreprise la cohérence des écritures comptables avec les déclarations souscrites par la société ;
- L'examen de la situation fiscale personnelle permet à l'Administration fiscale de contrôler sur place la cohérence entre, d'une part, les revenus déclarés et, d'autre part, la situation bancaire, patrimoniale et les éléments de train de vie du foyer fiscal ;
- L'application de l'article 31 bis de l'ordonnance loi du 10/02/1969 qui dispose que lorsqu'une entreprise établie en RDC se trouve directement ou indirectement dans des liens quelconques d'interdépendance à l'égard d'une entreprise établie à l'étranger, tous les avantages anormaux ou bénévoles en raison de ces liens elle consent à cette dernière ou à des personnes et

[20] Aurélie BAUDOU, *op. cit*, p. 80.

entreprises ayant avec celle-ci des intérêts communs, sont ajoutés à ses propres bénéfices.

- L'application de l'article 43 bis de l'ordonnance loi de 1969 qui dispose que les sommes versées par une entreprise de droit national à une personne physique ou morale de droit étranger avec laquelle elle est liée soit par la voie d'une participation directe dans son capital, soit par l'intermédiaire des participations détenues par une ou plusieurs autres entreprises du même groupe en rémunération d'un service rendu, ne sont susceptibles d'être admises dans les charges professionnelles de l'entreprise qu'à la triple condition que :
  - la réalité du service rendu soit clairement démontrée ;
  - le service en cause ne puisse être rendu en RDC ;
  - le montant de la rémunération corresponde à la valeur réelle du service rendu.

2. Les mesures répressives

En RDC, les sanctions purement fiscales consistent en de sanctions pécuniaires et pénales reprenant notamment la majoration des droits, l'amende fiscale, la confiscation des biens ainsi que la servitude pénale. Mais, depuis l'arrêté ministériel n°015 du 4 septembre 1997 portant dispositions relatives aux pénalités fiscales, il a été institué un système de pénalités fiscales comprenant les pénalités d'assiette, les pénalités de recouvrement ainsi que les amendes administratives et les sanctions pénales.

§2. Les mécanismes du droit international

1. La conclusion des conventions fiscales internationales

De nombreux accords internationaux comportent des dispositions fiscales sans que l'application de l'impôt n'en constitue l'objet principal. Il en est ainsi des accords diplomatiques et consulaires, des accords relatifs aux sièges d'organisations internationales, des accords de coopération culturelle et technique, des accords de coopération bilatérale et multilatérale.

Ainsi, l'expression « convention fiscale » désigne ordinairement les accords internationaux, qui ont un objet exclusivement fiscal. Exemple : convention contre la double imposition sur le revenu, convention contre la double imposition sur la fortune, convention contre la double imposition en matière d'imposition sur les successions et les donations.

Les conventions fiscales, ont en général, un caractère bilatéral ou multilatéral. Ceci s'explique par l'attachement des États à leur souveraineté fiscale, à laquelle ils entendent n'apporter des restrictions qu'au coup par coup. Pour nombreuses qu'elles soient, les conventions fiscales en vigueur présentent une assez grande homogénéité. Elles possèdent, en général, la même structure, recourent à des concepts identiques et mettent en œuvre des méthodes similaires d'élimination de la double imposition.

Autrement dit, elles s'inspirent pour la plupart des modèles communs, fruits d'une œuvre doctrinale considérable poursuivie depuis la fin de la 2ème guerre mondiale.

Par exemples :

- Les conventions modèles de l'OCDE, qui sont des instruments appropriés à l'ajustement des actions fiscales de l'État et entre des nations tenant des courants d'échange commerciaux relativement équilibrés ;
- Les conventions modèles ONU, qui se sont également préoccupées, dans le même esprit, du problème particulier posé par les relations fiscales entre les pays industrialisés et les pays en voie de développement .

L'objet principal des conventions fiscales internationales demeure, en règle générale, l'élimination de la double imposition.

2. Cadre juridique des conventions fiscales

Les conventions fiscales internationales obéissent au droit commun des traités. Elles offrent, cependant, quelques traits particuliers dans leur élaboration et dans leur application.

A. Élaboration des conventions fiscales

L'élaboration comporte les étapes classiques de la négociation, de la signature, de la ratification et de la publication.

- Négociation

L'initiative de la négociation d'une convention fiscale a souvent pour origine la demande des opérateurs économiques, confrontés à des obstacles d'ordre fiscal dans le développement de leurs activités à l'étranger. Une fois décidée, la négociation est conduite ou devrait être conduite dans le cas de notre pays par le Ministère des finances, la DGI, la DGDA, et éventuellement d'autres services concernés indirectement par ladite convention.

- Signature

Elle vient authentifier l'accord ou l'achèvement de l'élaboration technique de l'accord intervenu entre les collaborateurs. Elle est effectuée par une autorité munie, à cet effet, de plein pouvoir (ambassadeur, ministre ou vice-ministre...).

- Ratification

Les conventions fiscales signées sont ratifiées ou approuvées. La plupart des conventions fiscales font l'objet d'une simple approbation par le ministre des affaires étrangères. Néanmoins, l'approbation ou la ratification d'une convention fiscale suppose une autorisation préalable du parlement. Cela d'autant plus que les conventions fiscales modifient les dispositions législatives engageant les finances de l'État visées par la constitution et conformément à celle-ci.

- Publication

Au regard du droit fiscal interne, le traité ne peut recevoir application effective qu'après son introduction dans l'ordre juridique national. La publication peut avoir notamment lieu dans le journal officiel.

B. Application des conventions fiscales
a. Les conditions d'application

L'application d'une convention fiscale est subordonnée à une condition de temps, de lieu, des personnes et de la nature de l'impôt en cause.
- *Condition de temps*

L'application dans le temps d'une convention fiscale soulève trois ordres de problèmes : ceux relatifs à la date d'entrée en vigueur de cette convention et, généralement, celle de la transmission du dernier acte de ratification, ou encore de celle qui correspond à la ratification et à la publication du texte relatif à la date à compter de laquelle les différentes clauses du traité produiront leurs effets relatifs à la cessation des effets du traité.

En principe, les conventions fiscales ont une durée d'application illimitée. On note, toutefois, que les conventions fiscales récemment conclues entre la France et l'Arabie Saoudite d'un côté, entre la France et le Koweit, de l'autre, l'ont été pour une durée de 5 ans reconductibles par accord formulé à travers les échanges des notes. La cessation d'application d'une convention fiscale peut avoir d'autres origines : abrogation, caducité résultant de l'État de guerre entre les cocontractants, ou de la disparition de l'un de ceux-ci.

H. *Condition d'espace*

La convention modèle OCDE, dans son article 28[21] prévoit la possibilité d'une extension territoriale des traités fiscaux à une partie du territoire de l'un des États contractants primitivement exclue du champ d'application

[21] Article 28 de la convention OCDE, disponible sur *http://www.ocde.org* consulté le 12 janvier 2023 à 16h 30.

conventionnel ou encore à un État ou territoire dont l'un des États contractants assure les relations internationales.

L'extension est subordonnée à une condition de fond : les territoires ou les États bénéficiaires doivent percevoir des impôts de nature analogue à ceux auxquels s'applique la convention. Par exemple, la convention fiscale signée en 1945 entre le Royaume-Uni et les USA a été étendue en 1958 à une vingtaine de territoires britanniques d'outre-mer.

b. *Champ d'application personnelle des conventions fiscales internationales*

L'opérateur international désireux d'invoquer les clauses d'une convention doit s'assurer qu'elles lui soient profitables. Les traités fiscaux reconduisent en règle générale les dispositions de l'article 1 de la convention modèle de l'OCDE limitant le champ d'application de la convention aux personnes qui sont les résidents d'un État contractant ou des deux États contractants. Selon l'article 3 du même modèle, le terme « personnes » comprend les personnes physiques, les sociétés et tout autre groupe de personnes.

c. *Impositions concernées par une convention fiscale*

Les conventions internationales contre la double imposition peuvent concerner une ou plusieurs catégories d'impositions. Beaucoup s'appliquent aux impôts sur le revenu et sur la fortune, aux impôts sur les sociétés et aux impôts sur les successions et sur les donations.

Certaines d'entre elles s'efforcent d'éviter toute solution de continuité dans l'élimination de la double imposition, et comportent, à cette fin, une clause d'extension aux impôts futurs de nature identique ou analogue.

B. Portée juridique de la convention fiscale

La supériorité de la norme conventionnelle sur les dispositions des lois internes est admise par beaucoup de pays. Par contre, certains États n'admettent pas toujours le principe de la supériorité des normes conventionnelles sur les dispositions des lois internes (exemple des USA).

Néanmoins, la prééminence des normes conventionnelles sur les dispositions des lois internes, du moins antérieures, souffre d'une exception présentée comme de nature coutumière, tendant à la préservation des avantages accordés par le droit interne.

En effet, le principe coutumier voudrait qu'une convention fiscale internationale ne puisse déroger aux dispositions de la loi fiscale interne que dans le sens d'allègement des obligations fiscales des contribuables. Elle ne pourrait en aucun cas aggraver celles-ci ou en créer de nouvelles.

C. La mise en œuvre des dispositions conventionnelles

Il appartient au contribuable d'identifier l'État de sa résidence ou celui de sa source. Que faire en cas de conflit ayant trait à une convention fiscale internationale ? En ce qui concerne le règlement des différends en matière d'application ou d'interprétation d'une convention fiscale, le contribuable peut emprunter deux voies :

I. l'une faisant appel à une autorité internationale ;
J. l'autre à des autorités locales.

En résumé, le seul mode courant de règlement des différends présentant un caractère international est l'application, à l'amiable de la procédure ou voie prévue par la plupart des conventions fiscales.

D. Les méthodes des conventions fiscales relatives à l'élimination de la double imposition : la méthode d'exonération

L'exonération peut être totale ou partielle. Elle est totale, par exemple, si la Belgique abandonne totalement son droit d'imposer à un autre pays. Elle est partielle quand elle peut avoir une progressivité. Cette méthode partielle est en fait le dérivé de la précédente qui permet de prendre en compte les revenus réalisés à l'étranger dans la détermination du taux applicable aux revenus de source nationale.

Le régime d'exonération présente l'avantage de voir certaines sociétés déplacer leurs activités vers les paradis fiscaux. Appliquent le système d'exonération, notamment la Belgique et les Pays-Bas.

E. La méthode imputation

Elle est applicable aux éléments du revenu qui, en vertu de la convention, sont imposables à un impôt limité à certains revenus non seulement dans l'État de la résidence, mais également dans l'État de la source d'une façon illimitée. Cette méthode présente l'avantage de ne pas privilégier les sociétés, qui vont établir leurs unités de production dans des pays, qui pratiquent des taux de fiscalité moins lourds que le pays où est établie la société-mère.

Ce régime prive les pays en développement de tous les avantages qu'ils pourraient avoir à travers leur choix pour une fiscalité accueillante. Appliquent ce système : les USA, la Grande-Bretagne, le Canada, l'Australie, la Suède, le Japon et l'Irlande.

Chapitre II

INFRACTIONS AUX PROCÉDURES FISCALES EN DROIT CONGOLAIS

Les infractions relatives aux procédures fiscales sont celles que commettent les contribuables lors de la liquidation, du recouvrement, du contrôle et du contentieux fiscal. Ici, il est question d'analyser d'abord les infractions fiscales relatives aux procédures fiscales proprement dites, ensuite, les infractions de droit commun applicables au droit fiscal congolais et enfin, les sanctions fiscales.

Section I. INFRACTIONS FISCALES PROPREMENT DITES

Cette section traite de l'économie des infractions fiscales (1), les caractéristiques de l'auteur de ces infractions (2) ainsi que ses éléments constitutifs (3).

§1. Économie des infractions fiscales

L'article 102 de la loi portant réforme des procédures fiscales en RDC cite sept types d'infractions, à savoir[22] :

- l'omission volontaire de déclaration ;
- la dissimulation volontaire de sommes sujettes à l'impôt ;
- la passation délibérée des écritures fictives ou inexactes dans les livres comptables ;
- l'incitation du public à refuser ou retarder le paiement de l'impôt ;

[22] Article 102 de la loi portant réforme des procédures fiscales en RDC.

- l'émission de fausses factures ;
- l'opposition de l'action de l'Administration fiscale ;
- l'agression ou l'outrage envers un agent de l'Administration fiscale.

Ces infractions ont certaines particularités lorsqu'elles sont commises dans le cadre de la taxe sur la valeur ajoutée ou sur d'autres types d'impôts. Seulement, les infractions en matière de la TVA de l'importation des marchandises sont constatées, poursuivies et sanctionnées conformément à la législation douanière[23].

§2. L'auteur des infractions fiscales proprement dites

Les infractions fiscales sont des délits, qui peuvent avoir pour auteur toute personne physique ou morale, ou le représentant du contribuable). En principe, l'auteur principal de la fraude fiscale est le contribuable lui-même. Le tiers qui participe à une soustraction ou à une tentative de soustraction comme instigateur ou complice, y compris celui qui commet la soustraction en qualité de représentant de contribuable, peut être auteur, co-auteur, complice ou instigateur de la fraude fiscale.

En RDC, la loi pénale punit les coauteurs de la même manière que des auteurs et les complices d'une peine, qui ne dépassera pas la moitié de la peine qu'ils auraient encourue s'ils avaient été eux-mêmes auteurs ; les complices quant à eux, donnent l'instruction de frauder l'impôt, qui procurent des moyens ou assistent l'auteur de la fraude.

[23] Article 75 de l'ordonnance - Loi n°10-01 instituant la TVA.

Au regard de l'article 21 du code pénal livre I, sont considérés comme auteurs d'une infraction :

- ceux qui l'auront exécutée ou qui auront coopéré directement à son exécution ;
- ceux qui, par un fait quelconque, auront prêté pour exécution une aide telle que sans leur assistance, l'infraction n'eût pu être commise ;
- ceux qui par offres, dons, promesses, menaces, abus d'autorité ou du pouvoir, machinations ou artifices coupables, auront directement provoqué cette infraction ;
- ceux qui, soit par des discours tenus dans les réunions ou dans les lieux publics, soit par des placards affichés, soit par des écrits, imprimés ou non et vendus ou distribués, soit par des dessins ou des emblèmes, auront incité directement à la commettre.

En cas de pluralité de personnes physiques, les coauteurs d'une infraction fiscale peuvent parfois poser le problème des personnes soumises à une imposition commune comme les époux. Par exemple, en matière d'impôt sur les revenus ; les époux doivent conjointement signer la déclaration d'ensemble des revenus ; ils peuvent tous deux faire l'objet de poursuites pénales et ils seront considérés comme coauteurs des délits[24].

La responsabilité pénale peut être établie dans le chef de toute personne physique ou morale. L'auteur, personne physique, ne peut être elle-même signataire ou chef d'entreprise. Dans ce cas, la jurisprudence invoque la présomption de responsabilité du dirigeant de droit, sauf délégation de pouvoir régulière, tenu pour responsable des obligations fiscales de l'entreprise ; il ne peut s'exonérer

[24] Article 21 du code pénal congolais livre I.

de sa responsabilité en se retranchant derrière la faute de son comptable.

Car, il lui appartient de veiller lui-même à l'établissement et au paiement de ses déclarations dans les délais légaux, notamment de fournir à son comptable tous les éléments nécessaires à l'établissement des déclarations dans le délai et vérifier la régularité de leur contenu.

Aussi les personnes morales répondent de la responsabilité pénale en matière fiscale par le biais de leurs dirigeants sociaux sur qui pèse la charge de représenter valablement ladite société.

La récidive est le fait de commettre une même infraction déjà sanctionnée dans un délai de deux ans ou de 6 mois en ce qui concerne respectivement les impôts annuels et les autres impôts. L'auteur d'une infraction fiscale, qui a déjà fait l'objet d'une précédente poursuite et condamnation, peut voir sa nouvelle peine être aggravée, le plus souvent au double.

§3. Les éléments constitutifs des infractions fiscales

1. L'omission volontaire de déclaration

A. Éléments matériels de l'infraction

En analysant les infractions fiscales, le domaine du délit de fraude fiscale étant large. Il s'applique à tous les impôts prévus par le code fiscal. Dans la pratique, la fraude fiscale concerne surtout l'impôt sur les revenus, la taxe sur la valeur ajoutée et les impôts à l'importation ou à l'exportation[25].

---

[25] Timothée IKONGA KAPENDA, *Répression des délits fiscaux en République démocratique du Congo. Cas de la ville de Kolwezi*, in Librairie africaine des études juridique (4/2017) disponible sur

L'omission volontaire des déclarations dans les délais prescrits est une infraction d'omission instantanée, qui est consommée dès lors que le contribuable ne dépose pas sa déclaration dans le délai imparti par la loi.

A fortiori, le contribuable sera certainement déclaré coupable s'il s'est systématiquement abstenu de procéder aux déclarations malgré les multiples mises en demeure. Par ailleurs, même si l'omission est réparée par la suite, par exemple, en effectuant sa déclaration après le délai, l'infraction reste consommée.

Bref, l'omission seule ne suffit pas, il faut l'analyser par rapport au délai que la loi a prévu pour déclarer l'impôt, étant dans un système auto déclaratif. Ceci constitue l'élément matériel de l'infraction.

B. Élément moral de l'infraction

Quant à l'élément moral, l'intention frauduleuse est simplement trouvée dans la violation de la loi, qui fait obligation à tout assujetti de faire la déclaration des impôts, dont il est redevable vis-à-vis du trésor public, et le délinquant ne peut prétendre avoir ignoré la loi, car il est écrit « *nul n'est censé ignorer la loi* »[26].

C. La peine applicable à l'infraction

Le coupable de l'omission volontaire de déclaration est passible d':

- une peine d'emprisonnement de 1 à 30 jours ;

---

http//dol.org/10.5771/2363-8262-2017-2-211.am.27.02.203, p. 224, consulté le 10 mars 2023 à 8 h 30.

[26]Charlotte CLAVERIE-ROUSSET. Le délit de fraude fiscale et les délits voisins, page 2 in *Revue de droit fiscal n° 46*, 13 Novembre 2014, 622, net 01/03/2016.

- une amende égale au montant de l'impôt éludé ou non payé dans le délai.

La loi permet au juge de cumuler les deux peines ou d'infliger au récalcitrant l'une de ses peines seulement.

2. La dissimulation volontaire des sommes sujettes à l'impôt

A. Éléments matériels de l'infraction

La dissimulation volontaire des sommes sujettes à l'impôt porte le plus souvent sur un revenu net global, des bénéfices, des recettes…C'est le cas pour l'assujetti de la TVA, par exemple, de ne pas mentionner certaines sommes sur la déclaration, soit de manière directe, soit en la minorant, soit de manière indirecte, par exemple en indiquant bien le montant exact des recettes, mais en déclarant aussi des charges déductives inexactes, inexistantes ou supérieures à leur montant réel.

La dissimulation peut résulter d'une simple déclaration mensongère ou bien de la mise en œuvre de divers stratagèmes destinés à masquer la situation véritable du déclarant.

C'est, en plus, le fait pour un assujetti à l'impôt sur les bénéfices, sachant que certaines charges d'exploitation ne sont pas admises en déduction et sont donc imputées sur le montant des bénéfices imposables (les dépenses personnelles, les pénalités financières…) ne les ajoute pas à son assiette imposable.

B. L'élément moral

La fraude fiscale est une infraction intentionnelle. Autrement dit, il faudra établir que la personne était animée d'une volonté de fraude ; elle doit avoir la conscience que son comportement aura pour effet d'empêcher ou de compromettre le recouvrement. Certes, cette charge de la preuve incombe au ministère public.

C. La peine applicable

– L'emprisonnement de 1 à 30 jours plus ou une amende égale au montant de l'impôt dissimulé. Pour toutes les infractions, en cas de récidive, la peine d'emprisonnement va de 40 à 60 jours et/ou une amende égale au double du montant de l'impôt éludé ou non payé dans le délai.

3. La passation délibérée des écritures fictives ou inexactes dans les livres comptables

A. Éléments matériels de l'infraction

Cette infraction est commise par les assujettis ayant la qualité de commerçant à qui il revient l'obligation de tenir une comptabilité régulière et qui s'autorise la passation délibérée des écritures fictives ou inexactes dans les livres comptables. Dans ce cas, l'Administration fiscale risque d'être induite en erreur du fait de l'inexactitude des écritures comptables ayant servi au calcul de l'impôt sur les bénéfices et de la taxe sur la valeur ajoutée.

Elle vient sanctionner la violation au principe de la sincérité, de la transparence et de la régularité. Elle s'apparente à l'infraction de faux commis en écriture ; le faux intellectuel dans la mesure où cette infraction porte sur les écrits, qui sont les livres comptables : le livre-journal, le grand livre, la balance générale des comptes, les livres d'inventaire ou des livres auxiliaires. Les contenus doivent être fictifs ou inexacts dans le but de frauder en majorant, par exemple, les charges pour minorer l'impôt ou simplement éluder totalement la charge fiscale.

B. Élément moral de l'infraction

La passation délibérée des fausses écritures est une infraction intentionnelle. Autrement dit, il faudra établir que la personne était animée d'une volonté de fraude ; elle doit avoir la conscience que son comportement aura pour effet d'empêcher ou de compromettre le recouvrement.

C. La peine applicable à l'infraction

C'est l'emprisonnement de 1 à 30 jours plus ou une amende égale au montant de l'impôt dissimulé. Pour toutes les infractions, en cas de récidive, la peine d'emprisonnement va de 40 à 60 jours et/ou une amende égale au double du montant de l'impôt éludé.

4. L'émission de fausses factures

La facture est un écrit par lequel le vendeur précise à l'acheteur le détail des marchandises vendues, les conditions de livraison et de règlement du prix. Toute vente, par commerçant, doit faire l'objet d'une facture établie en double exemplaire, dont un est remis à l'acheteur.

C'est dans cet ordre d'idées que l'établissement et la remise d'une facture détaillée sont obligatoires :

- Pour toute vente en gros et toute vente de commerçant à commerçant ;
- Pour toute vente au détail et toute prestation de services d'une valeur dépassant 500 FC à moins que l'acheteur ou le client ne dispense le vendeur de cette obligation ;
- Pour toute prestation d'hôtel.

Pour justifier certains achats et dépenses, les commerçants émettent des factures que les uns et les autres peuvent échanger pour servir des preuves aux opérations de déductions de la taxe sur la valeur ajoutée.

A. Éléments matériels de l'infraction

Constituent les éléments matériels de cette infraction :

- le fait d'établir ou d'émettre de fausses factures ;
- l'existence d'une facture contenant les éléments faux, c'est-à-dire inexacts ou qui n'ont jamais existé. Cette infraction est souvent commise par deux ou plusieurs auteurs, qui s'arrangent pour frauder à l'impôt.

B. Élément moral de l'infraction

L'émission de fausses factures est une infraction intentionnelle. Autrement dit, il faudra établir que la personne était animée d'une volonté de frauder ; elle doit avoir la conscience que son comportement aura pour effet d'empêcher ou de compromettre le recouvrement.

C. La peine applicable à l'infraction

– C'est l'emprisonnement de 1 à 30 jours plus ou une amende égale au montant de l'impôt dissimulé. Pour toutes les infractions, en cas de récidive, la peine d'emprisonnement va de 40 à 60 jours et/ou une amende égale au double du montant de l'impôt éludé. Il est à noter la nécessité de cumul des sanctions fiscales et pénales. À ce niveau, l'Administration fiscale peut faire réprimer pénalement par les tribunaux correctionnels les infractions fiscales.

Ainsi, un contribuable, qui a échappé à l'impôt, peut être doublement sanctionné par l'Administration fiscale, d'une part, puis par les juridictions répressives, d'autre part.

5. L'incitation du public à refuser ou retarder le paiement de l'impôt

A. Éléments matériels de l'infraction

Il s'agit de tout message diffusé par n'importe quel moyen tendant à retarder le paiement ou à influencer les assujettis à ne pas s'exécuter vis-à-vis de leurs obligations fiscales. Cette infraction est souvent commise par certains dirigeants des organismes non gouvernementaux, la FEC, les syndicats qui parfois dans le souci de revendiquer certains droits envers l'état, font pression en demandant à leurs membres de ne pas payer ou de retarder le paiement des impôts à l'État[27].

Ces éléments qui attestent l'incitation sont faciles à prouver en termes de provocation, l'excitation par les écrits ou à la criée sur internet, sur le plateau d'une radio ou télévision… Et quel que soit le moyen utilisé, ce délit requiert la réalisation d'un résultat juridique : la soustraction à l'établissement ou au recouvrement de l'impôt, même si les assujettis n'obéissaient pas à cet ordre.

B. Élément moral de l'infraction

L'élément moral demeure cette intention de faire échapper à l'Administration fiscale les recettes issues du paiement de l'impôt, ou faire retarder le recouvrement.

C. La peine applicable à l'infraction

La sanction applicable est l'emprisonnement de 1 à 30 jours plus ou une amende égale au montant de l'impôt dissimulé. Pour toutes les infractions, en cas de récidive, la

---

[27]Timothée IKONGA KAPENDA, *op. cit.*, p.226.

peine d'emprisonnement va de 40 à 60 jours et/ou une amende égale au double du montant de l'impôt éludé.

6. L'opposition à l'action de l'Administration fiscale

Au regard des articles 25 à 56 de la loi portant réforme des procédures fiscales en RDC, l'Administration fiscale le pouvoir exclusif de vérifier, sur pièces ou sur place, l'exactitude des déclarations de tous les impôts et autres droits dus par les redevables, conformément aux dispositions légales en vigueur[28].

Elle peut inviter tout redevable à fournir verbalement ou par écrit des explications, des éclaircissements ou des justifications et, en outre, s'il a l'obligation de tenir des livres, des carnets et des journaux, à communiquer ses écritures et ses documents comptables, aux fins de permettre de vérifier les renseignements demandés ou fournis.

Les demandes d'explications, d'éclaircissements, de justifications et de renseignements peuvent porter sur toutes les opérations auxquelles le redevable a pris part, les informations recueillies peuvent également être invoquées en vue de l'imposition de tiers.

L'Administration fiscale dispose, à cet effet, :
- le droit de contrôle ;
- le droit de communication ;
- le droit d'enquête ;
- le droit de visite et saisie.

[28] Articles 25 à 56 de la loi portant réforme des procédures fiscales en RDC.

Dans l'exercice de leurs prérogatives, les agents de l'Administration fiscale respectent la procédure légale étant donné qu'ils exercent les prérogatives de la puissance publique ; toute personne a l'obligation de leur faciliter la tâche d'atteindre leurs objectifs ; le refus de l'accompagnement de cette tache soit par l'assujetti lui-même ou toute autre personne, sera puni de la peine prévue par la loi.

7. L'agression ou l'outrage envers l'agent des impôts

L'outrage est une offense, une manifestation de mépris envers l'agent des impôts ; l'agression est une attaque brutale, soudaine et non provoquée. L'outrage peut être verbal, par geste. L'agression peut être caractérisée par des actes positifs tels que les voies de fait, les coups, les jets de pierres... C'est le cas, par exemple, d'un assujetti qui qualifie un agent de fisc de voleur de deniers publics[29].

Section II. INFRACTIONS DU DROIT COMMUN APPLICABLES EN DROIT FISCAL

Le législateur congolais prévoit certaines infractions du droit commun applicables en droit fiscal congolais dans les articles 123 et 124. L'article 124 du CPL II prévoit et punit l'usurpation des fonctions publiques ; et l'article 123 bis punit le port illégal des décorations. Tandis que l'article 124 du même code pénal punit les faux commis en écritures.

Peut-on dire que le rédacteur s'était trompé à la place de l'article 123 au lieu de 126 qui prévoit et punit l'usage de faux, dans la mesure où la logique demeure simple de punir le faussaire et celui qui en fait usage dans l'intention de frauder. C'est pourquoi, nous n'analysons pas le port illégal de décoration ou l'usurpation des fonctions, car

[29] Timothée IKONGA KAPENDA, *op.cit.*, p. 227.

n'ayant pas de traits directs à la fiscalité et aux fraudes, mais plutôt au faux en écriture et à l'usage de faux ainsi que l'escroquerie fiscale.

§1. Le faux en écriture

En fait, la démarche des autorités judiciaires devant les faits qui leur sont rapportés ou qu'elles ont elles-mêmes constatés, consistera à les confronter avec la définition que la loi fait de telle infraction.

L'article 124 du code pénal[30] dispose que le faux commis en écritures avec une intention frauduleuse ou à dessein de nuire sera puni d'une servitude pénale de six mois à cinq ans et d'une amende de vingt-cinq à deux mille francs ou d'une de ces peines seulement. Par rapport à cet élément légal, nous dirons que cette infraction exige aussi la réunion des éléments matériel et moral.

A. Les éléments matériels de l'infraction

Le faux en écriture est une altération de la vérité dans un écrit quel qu'il soit, avec une intention frauduleuse ou à dessein de nuire et susceptible de causer un préjudice. Cette infraction exige : l'altération de la vérité : fausseté qui peut consister :

- *En faux matériel* : l'altération de la matérialité de l'écrit tel qu'un grattage, une surcharge ou lacération, une insertion, l'abus d'un blanc-seing, l'apposition d'une fausse signature, le découpage d'une partie du texte, la juxtaposition de fragments empruntés à des documents originaux.
- *En faux intellectuel* : l'altération des énonciations de l'écrit sans que sa matérialité soit falsifiée. Le faux doit

[30] Article 124 du code pénal livre II.

se produire dans un écrit en matière fiscale. Plusieurs écrits peuvent être falsifiées ou confectionnés par les contribuables ou redevables dans le but soit de minorer la dette fiscale, ou surcharger les éléments de prix de revient, dans les documents comptables, les factures, ou tout autre écrit officiel ou privé.

B. L'élément moral

Il ne suffit pas que la vérité ait été altérée, consciemment ou volontairement, il faut que l'altération ait été commise méchamment ou frauduleusement, c'est-à-dire dans le but de nuire à autrui ou de se procurer à soi-même ou à autrui des profits ou des avantages illicites.

L'intention frauduleuse est réalisée, dès que l'auteur agit pour procurer, soit à lui-même, soit à autrui, un avantage ou un profit illicite matériel ou moral. En plus, l'altération de la vérité dans un écrit doit avoir causé ou est susceptible de causer un préjudice matériel ou moral à un particulier ou à la collectivité[31].

Le faussaire en écriture vise souvent à frauder l'impôt ou à le minorer au préjudice du trésor public ; d'où le but est l'évasion fiscale afin de s'enrichir illicitement au détriment de l'intérêt général. C'est pourquoi il est clairement établi que le faux en écriture peut être commis par un redevable légal, un contribuable ou toute autre personne, qui établirait un écrit faux en relation d'affaire ou pas avec les assujettis.

---

[31] NYABIRUNGU MWENE SONGA, *Traité de droit pénal général congolais*, 2ème éd. E.U.A, 2007, p. 148.

Cette infraction est punissable car elle est l'une de la manifestation de la fraude fiscale, que les autres auteurs commettent de la manière délibérée et intentionnelle pour tromper l'Administration fiscale[32].

C. La peine applicable à l'infraction

La loi prévoit les peines principales, à savoir : de 6 mois à 5 ans de servitude pénale et d'une amende de 25 à 1000 FC ou l'une de ces peines seulement et il est possible que le juge ordonne la confiscation dudit acte faux et sa destruction. Lorsque celui qui commet cette infraction est un fonctionnaire de l'État, qui délivre un faux certificat dans l'exercice de ses fonctions, il est sanctionné en vertu de l'article 127 du code pénal livre II[33].

§2. L'usage de faux

Il consiste à utiliser dans une intention frauduleuse ou à dessein de nuire, un acte faux ou une pièce fausse. L'usage de faux est différent du faux commis en écriture. Si le faussaire utilise lui-même la pièce qu'il a fabriquée ou altérée, il commet deux infractions successives : faux et usage de faux. Pour que cette infraction soit retenue, trois conditions doivent être remplies : les éléments matériels, l'élément moral et le préjudice.

A. Les éléments matériels

Il faut que l'auteur ait fait usage, c'est-à-dire le fait d'utiliser ou de tenter d'utiliser un acte faux, établi, falsifié ou altéré. Et il faut que la pièce ait le caractère faux punissable. Le faux fiscal peut porter sur :

- les documents ;

---

[32] Georges MINEUR, *Commentaire du code pénal congolais*, éd. Larcier, Bruxelles 1955, p. 285.

[33] Article 127 du code pénal livre II.

- le bilan ;
- les factures ;
- les contrats et pièces fabriquées ou falsifiées ;
- la mention d'un prix moindre que celui payé ou l'inverse ;
- le prix payé « sous la table » ;
- l'identité inexacte du bénéficiaire d'une commission ou horaire.

B. L'élément moral

L'auteur doit savoir que la pièce est fausse ou a été altérée, ce qui signifie qu'il a dû, au moment où il en faisait usage, connaître la falsification de la pièce qu'il a utilisée. Et que l'auteur ait agi de mauvaise foi, soit dans une intention frauduleuse ou à dessein de nuire[34].

C. Le préjudice

Il faut qu'un préjudice ait dû résulter de la pièce fausse ou du moins devant pouvoir en résulter. Ledit préjudice mérite une condamnation compensatoire. À cet effet, il sied de constater que l'Administration fiscale, victime de cette fraude, peut solliciter devant le juge pénal les pénalités de recouvrement en plus de peines de servitude pénale principale et les frais de justice.

Comme dit plus haut, il a été jugé que si le faux et l'usage du faux dans le chef du faussaire constituent l'exécution d'une seule intention coupable, dès lors, ils constituent une seule infraction punissable de la peine de faux. L'Administration fiscale fait réprimer les manquements les plus graves par des sanctions pénales fiscales, pour donner un caractère dissuasif à la fraude fiscale car elle est

---

[34] BONY CIZUNGU NYANGEZI, *Les infractions de A à Z*, Éditions Laurent NYANGEZI, Kinshasa, 2002, p.748.

maîtresse de l'initiative de l'engagement des poursuites pénales.

Les sanctions pénales[35] prévues aux articles 123 et 124 du code pénal congolais peuvent ainsi être appliquées en cas de non-respect des règles fiscales impératives. Il s'agit notamment de la peine de servitude pénale, d'une amende égale au montant éludé ou non payé dans le délai ou l'une de ces peines seulement.

§3. L'escroquerie de nature fiscale

En ce qui concerne les plaintes pour fraude fiscale, la dénonciation des faits d'escroquerie en matière fiscale constitue un élément important de l'action pénale de l'Administration fiscale contre l'incivisme fiscal. Les plaintes pour escroquerie à la TVA ou à tout autre impôt permettent de faire sanctionner sévèrement des comportements particulièrement graves et d'obtenir pour l'État, en réparation de son préjudice, des dommages et intérêts à la hauteur des agissements commis.

L'escroquerie est une infraction de droit commun régie par l'article 98 du code pénal livre II. Fiscalement, l'escroquerie est le plus souvent caractérisée en matière de TVA, mais elle peut également porter sur l'impôt sur les revenus avec notamment une revendication abusive en matière de crédits d'impôts.

---

[35] Article 101 et suivants de la loi n°004/2003 du 13 mars 2003 portant réforme des procédures fiscales en RDC créé par la loi des finances n°17/014 du 24 décembre 2017.

A. La définition et les caractéristiques de l'infraction

Au sens de l'article 98 du code pénal livre II[36], l'escroquerie est le fait, soit par l'usage d'un faux nom ou d'une fausse qualité, soit par l'abus d'une qualité vraie, soit par l'emploi des manœuvres frauduleuses, de tromper une personne physique ou morale et de la déterminer ainsi, à son préjudice ou au préjudice d'un tiers, à remettre des fonds, des valeurs ou un bien quelconque, à fournir un service ou à consentir un acte opérant obligation ou décharge.

Il est précisé que, de même qu'en matière de fraude fiscale, l'infraction d'escroquerie peut être commise non seulement par le dirigeant de droit d'une société, mais aussi par le dirigeant de fait[37]. La constitution du délit nécessite que soient réunis un élément matériel et un élément intentionnel. Il appert donc d'analyser les éléments constitutifs de l'infraction de l'escroquerie fiscale.

B. L'élément matériel

L'élément matériel de l'escroquerie est constitué par l'existence des procédés dont la mise en œuvre a conduit à la remise d'un bien, de fonds ou de valeurs... L'escroquerie nécessite la réalisation de deux actes :
- la mise en œuvre des procédés frauduleux par l'auteur du délit ;
- et la remise d'un bien, de fonds ou de valeur par la victime.

---

[36] Article 98 du code pénal livre II.
[37] Cass. Française. crim., arrêt du 21 décembre 1971, n° 70-92142.

a. La mise en œuvre des manœuvres frauduleuses

Les manœuvres frauduleuses supposent une machination, une ruse ou une combinaison d'actes extérieurs destinés à créer une apparence trompeuse d'où l'exclusion du simple mensonge, même réalisé par écrit. À l'allégation mensongère doit se joindre, pour constituer une manœuvre frauduleuse, un fait extérieur, un acte matériel destiné à lui donner force et crédit.

Parmi ces actes extérieurs, il appert de trouver fréquemment :

- La falsification des factures d'achats réels ;
- L'établissement des factures d'achats fictifs ;
- La constitution des entreprises sans activité économique ou ayant une activité économique artificielle (sociétés taxis), chargées de porter une TVA sur leurs factures de complaisance en vue d'en permettre la récupération par leur client, tout en s'abstenant de la reverser à l'Administration fiscale.

b. La remise d'un fonds ou d'un bien

La remise peut intervenir de deux manières différentes :

- par remboursement direct ou tentative de remboursement au vu d'une demande de restitution ;
- par imputation sur le montant de la TVA due à raison du chiffre d'affaires imposable réalisé.

Sur ce point, en l'absence de remise matérielle des fonds comme en l'absence de délivrance effective d'une quittance ou d'une décharge, la Cour de cassation française a adapté sa jurisprudence[38] aux formes les plus modernes

---

[38] Cass. crim., arrêt du 25 janvier 1967, n° 66-92.968 ; Cass. crim., arrêt du 17 octobre 1967, n° 66-92.187 .

de la fraude et a posé quelques principes qui paraissent bien établis :

- la déclaration de chiffre d'affaires vaut titre de créance à l'encontre du trésor public pour le montant des taxes déclarées comme déductibles ;
- la circonstance que le titre qui constate l'extinction par déduction de la créance du trésor public ait été créé par l'assujetti ne fait disparaître aucun des éléments matériels du délit d'escroquerie ;
- Il en est de même en l'absence de remise de fonds dès lors que le paiement effectué par voie scripturale vaut remise d'espèce ;
- Le délit d'escroquerie se trouve alors consommé par l'acceptation, par l'administration de la déclaration de chiffre d'affaires.

C. L'élément intentionnel de l'infraction

L'escroquerie est une infraction intentionnelle, qui suppose la commission d'un acte positif en toute connaissance de cause de son caractère frauduleux. Si l'usage d'un faux nom, d'une fausse qualité ou l'abus d'une qualité vraie, dès lors qu'ils ont permis, notamment la remise d'une chose appartenant à autrui, suffisent à constituer le délit d'escroquerie, il n'en est pas de même pour l'emploi de manœuvres frauduleuses.

Il faut démontrer qu'elles ont été pratiquées dans le but de tromper la victime et de l'inciter ainsi à la remise de la chose (en l'espèce, persuader l'Administration fiscale de l'existence d'un crédit fictif de TVA), et à son remboursement. Les manœuvres doivent avoir déterminé la remise ou la tentative de remise de fonds.

D. La tentative d’escroquerie

L'article 98 du code pénal punit la tentative d'escroquerie au même titre que le délit lui-même. Mais, les tentatives de délit ne sont punissables qu'autant qu'elles remplissent les conditions par un commencement d'exécution et n'avoir été suspendues ou n’avoir manqué leur effet qu'en raison des circonstances indépendantes de la volonté de leur auteur.

E. La répression de l’infraction

a. Action publique

Seul, le ministère public a qualité pour exercer l'action publique relative à l'escroquerie. Il est à noter, cependant, que la mise en œuvre des poursuites n'est subordonnée ni au dépôt d'une plainte ni à une dénonciation obligatoire, comme c'est le cas pour le délit de fraude fiscale. Mais, dans la pratique, l'Administration fiscale porte plainte afin de fournir au parquet les éléments d'information qu'elle a pu recueillir, sur l'escroquerie fiscale ainsi que les documents en sa possession.

Conformément aux dispositions de l'article 8 du code de procédure pénale , modifié par la loi n° 2017-242 du 27 février 2017 portant réforme de la prescription en matière pénale, l'action publique des délits se prescrit par six années révolues.

Le point de départ du délai de six ans se situe à la date de la consommation du délit, c'est-à-dire :

- A la date du remboursement (date d'ordonnancement) ;
- Au jour du dépôt de la déclaration de taxe sur la valeur ajoutée si le remboursement a lieu par imputation ;

- Et, dans l'hypothèse de la simple tentative, à la réception de la demande de remboursement.

Enfin, l'information du parquet par un signalement, plutôt que par une plainte, permet de mettre en mouvement très rapidement l'action publique et peut donc constituer une première réponse pour faire cesser au plus vite certaines formes de fraude.

b. Action en réparation des préjudices subis par l'État

L'action en réparation du préjudice subi par l'État du chef du délit d'escroquerie se fonde sur les dispositions qui régissent le droit commun de responsabilité et non pas sur les dispositions autorisant l'Administration fiscale à se constituer partie civile sur ses propres plaintes pour venir au soutien de l'accusation.

La constitution de partie civile est alors faite au nom de l'État et des dommages-intérêts peuvent être réclamés au tribunal par voie de conclusions, quelle que soit par ailleurs la situation du recouvrement des rappels de taxe effectués par le service après découverte de l'escroquerie.

Il est, en effet, les juges du fond ne sauraient rejeter les demandes de l'État fondées sur le préjudice causé au trésor public par un délit d'escroquerie au seul motif que les prévenus peuvent se voir réclamer par les voies propres à l'Administration fiscale, la réparation du préjudice résultant du délit de soustraction frauduleuse à l'établissement ou au paiement de l'impôt[39].

[39] (Cass. crim., arrêt du 19 juin 1978, n° 73-92.900).

Cela étant, le montant des dommages et intérêts à allouer en réparation du préjudice causé par le délit relève de l'appréciation souveraine des dommages et intérêts à allouer en réparation du préjudice causé par le délit relève de l'appréciation souveraine des juges du fond, selon les circonstances de chaque espèce et dans les limites des conclusions des parties civiles[40].

Section III. SANCTIONS FISCALES EN DROIT CONGOLAIS

L'article 83 de la loi n°004/03 du 13 mars 2003 dispose que les pénalités fiscales comprennent les pénalités d'assiette ou majorations, les pénalités de recouvrement ou intérêts moratoires, les astreintes, les amendes administratives et les sanctions pénales. Ces sanctions fiscales prévues à l'article 84 de la loi sous examen peuvent être regroupées en deux grandes catégories, à savoir, les sanctions fiscales de nature administrative et les sanctions fiscales de nature pénale.

§1. Les sanctions fiscales de nature administrative

Les pénalités fiscales sont des sanctions pécuniaires que l'Administration fiscale inflige à un sujet de droit en cas de non-respect de l'échéance ou de certaines formalités obligatoires. Les sanctions fiscales de nature administrative comprennent des sanctions des anomalies de la déclaration fiscale et celles de manquements aux formalités fiscales.

---

[40] (Cass. crim., 19 juin 1978, n° 73-92.900 et Cass. crim., arrêt du 15 novembre 1989, n° 88-82343).

Il s'agit, notamment, au sens de l'article 84 de la loi précitée, des :

- *Pénalités d'assiette,* qui sanctionnent le défaut des déclarations, au regard des délais légaux, les déclarations inexactes, incomplètes ou fausses.

Il s'agit des défauts de déclarations au regard des délais légaux tels que :

- l'impôt foncier, la taxe sur les superficies des concessions minières, etc. La déclaration doit être souscrite au plus tard le 1er février de l'exercice.
- l'impôt sur les véhicules est déclaré par le redevable avant sa mise en usage ;
- l'impôt sur les revenus locatifs est déclaré par le redevable au plus tard le 1er février de l'année, qui suit celle de la réalisation des revenus ;
- l'impôt sur les bénéfices et profits au plus tard le 30 avril de l'année, qui suit celle de la réalisation des revenus,
- les acomptes provisionnels de 40% avant le 1er août et avant le 1er décembre de l'exercice fiscal ;
- la déclaration de l'impôt professionnel sur les rémunérations et de l'impôt exceptionnel sur les rémunérations du personnel expatrié se fait chaque mois au plus tard le 15 du mois suivant celui au cours duquel les rémunérations ont été versées ou mises à la disposition des bénéficiaires ;
- l'impôt mobilier se déclare dans les 15 jours, qui suivent le mois au cours duquel les revenus ont été payés ou mis à la disposition des bénéficiaires ;
- la taxe sur la valeur ajoutée à l'intérieur est déclarée chaque mois au plus tard le 15 du mois, qui suit celui de la réalisation des opérations[41].

---

[41] Article 6 de la loi de finances n°14/027 du 31 décembre 2014 pour l'exercice 2015.

À défaut du respect des délais légaux de déclaration, il y a délit d'assiette même en cas des déclarations inexactes, incomplètes ou fausses.

Dans la procédure, en principe, tout redevable, qui s'est abstenu de souscrire sa déclaration dans le délai, fait l'objet d'une lettre de relance valant mise en demeure de déclarer. Et le redevable dispose d'un délai de 5 jours à compter de la réception de la lettre de relance pour régulariser sa situation. Et la pénalité consiste à majorer l'impôt à payer de 25%.

- *Pénalités de recouvrement,* qui punissent le retard dans le paiement des impôts et autres droits dus.

Le recouvrement est la dernière étape de la technique fiscale, qui permet que l'argent de l'impôt quitte le patrimoine des contribuables vers le trésor public. Le recouvrement comporte plusieurs procédés mis en œuvre pour permettre d'assurer au profit de l'État une disponibilité des ressources pour couvrir les charges publiques.

Ces procédés sont :

- le paiement de droit au comptant (droits d'entrée ou de sortie) ;
- le paiement des droits constatés, qui sont ceux dont le paiement survient à un certain délai après le recensement fiscal ;
- le paiement anticipatif, cas des acomptes provisionnels et des précomptes en matière d'impôt sur le bénéfice ;
- la retenue à la source et versement au trésor public (cas de l'impôt professionnel sur la rémunération, de l'impôt mobilier et de l'impôt sur les revenus locatifs);
- le paiement en espèces, par chèques ou ordres de virement ;
- le paiement par compensation ou en nature.

En RDC, le système fiscal est auto liquidatif, car l'article 57 de la loi portant réforme des procédures fiscales[42] dispose que les impôts et autres droits établis par les redevables dans leurs déclarations doivent être payés au moment du dépôt de celles-ci.

Cela exige du redevable la connaissance parfaite des impôts et leurs modalités de calcul et paiement. Les redevables des impôts, suppléments d'impôts et autres droits établis par l'Administration fiscale sont recouvrés par l'émission d'un avis de mise en recouvrement signé par le receveur des impôts compétent.

Dès la réception de l'avis de mise en recouvrement, le redevable a un délai de quinze jours pour s'acquitter des montants dus. Tandis qu'en cas de déclaration sans paiement ou avec un paiement insuffisant, le redevable fait l'objet d'une mise en demeure l'invitant à payer dans un délai de huit jours.

À défaut, pour le redevable, de s'acquitter volontairement, des poursuites peuvent s'exercer par des contraintes, dont l'action en recouvrement forcé est mise en mouvement par le receveur des impôts.

Les mesures de poursuites comprennent :
- les avis à tiers détenteurs ;
- les saisies mobilières, immobilières et les ventes ;
- la fermeture provisoire des établissements par l'apposition des scellés.

Dans la phase de recouvrement, certains redevables inciviques sont souvent responsables de paiements tardifs des impôts et autres droits. Or, ce retard cause des préjudices énormes à l'État, qui doit accomplir des

[42] Article 57 de la loi portant réforme des procédures fiscales.

dépenses publiques, qui exigent aussi le respect du temps tel que le paiement de fonctionnaires ou le paiement en exécution de certaines clauses contractuelles. C'est pourquoi, il est prévu des pénalités de délits de recouvrement.

Et la loi dispose que tout retard dans le paiement de tout ou partie des impôts et autres droits donne lieu à l'application d'un intérêt moratoire égale à 2% par mois de retard. Ce moratoire est compté du premier jour du mois au cours duquel l'impôt aurait dû être payé au jour du mois de paiement effectif, tout mois commencé étant compté intégralement.

En plus de pénalités de recouvrement, lorsqu'une poursuite a été exercée en vue de forcer le redevable à s'exécuter de son obligation de payer l'impôt, il est mis à sa charge des frais de poursuites suivants :

- le commandement : 3% ;
- la saisie : 5% ;
- la vente : 3%, sans oublier les frais proportionnels au montant des impôts et autres droits dus[43].

- *Amendes administratives,* qui répriment le non-respect des formalités comptables et fiscales ainsi que le mauvais comportement du contribuable, du redevable ou de toute autre personne, tendant à faire perdre au trésor public les droits dus, soit par le contribuable ou le redevable légal, soit par les tiers.

Certains impôts, qui frappent les dépenses et les revenus, exigent leur transparence sur leurs assiettes imposables. C'est pourquoi, la loi fait obligation à tout commerçant de

---

[43] Article 91 de la loi n°03-04 du 13 mars 2003 portant réforme des procédures fiscales telle que modifiée à ce jour.

tenir sa comptabilité selon le système comptable OHADA suivant les principes comptables suivants :

- Principe de prudence

Le principe de prudence s'applique aux enregistrements comptables réalisés par une entreprise. Ce principe, en comptabilité, consiste à anticiper toute perte probable, dès que cette perte est envisagée, et ne pas tenir compte des profits, même s'ils sont probables, avant qu'ils ne soient actualisés.

- Principe de la permanence des méthodes

Le principe comptable de la permanence des méthodes également appelé principe comptable de fixité est une des règles comptables définies dans le plan comptable général et dans le code du commerce. Il s'agit, en fait, de toujours respecter les mêmes principes d'enregistrement comptable pour une entreprise.

Toutefois, la détermination du capital social est régi par un principe de fixité (ou d'intangibilité) : les associés n'ont pas le droit de demander le remboursement de leur apport tant que la société n'est pas dissoute, et ne peuvent l'entamer en le distribuant sous forme de dividendes.

- Principe de la spécialisation des exercices

Le principe de la spécialisation des exercices veut que soient effectivement rattachés à un exercice comptable les charges et les produits, qui le concernent. On parlera aussi d'indépendance des exercices.

- Principe de la transparence

Le principe de la permanence des méthodes est un principe comptable, qui impose l'utilisation des mêmes méthodes de traitement comptable d'une année sur l'autre. Cela permet aux entreprises et aux analystes de faciliter à la comparaison entre les états financiers d'une société sur les différents exercices comptables.

- Principe de l'importance significative

Est significative toute information susceptible d'influencer l'opinion que les lecteurs des états de synthèse peuvent avoir sur le patrimoine, la situation financière, les risques assumés et les résultats.

- Principe de l'intangibilité de bilan de l'exercice

Le principe comptable d'intangibilité du bilan d'ouverture voudrait que le bilan d'ouverture d'un exercice doive correspondre au bilan de clôture de l'exercice précédent.

- Principe du coût historique

En vertu du principe comptable du coût historique, les biens acquis à titre onéreux sont enregistrés à leur coût d'acquisition. Les biens acquis à titre gratuit sont enregistrés à leur valeur vénale ou valeur d'usage alors que les produits en sont à leur coût de production ou de construction.

- Principe de la continuité d'exploitation et d'utilisation d'un bien[44].

Le principe de continuité d'exploitation implique que les amortissements continuent de manière habituelle et sur le long terme. Les actifs sont évalués à leur valeur d'usage et non leur éventuelle valeur liquidative. Chaque commerçant est tenu à l'obligation de réunir et regrouper les informations comptables en synthèse qu'on appelle les états financiers qui comprennent :
- Le bilan ;
- Le compte de résultat ;
- Le tableau financier des ressources et des emplois.

Au-delà des états financiers, les documents suivants sont obligatoirement tenus par les commerçants :
- le livre-journal ;
- le grand livre ;
- la balance générale de compte ;
- le livre d'inventaire ;
- le manuel des procédures comptables.

Par exemple :
i. La déclaration de l'impôt sur les bénéfices et les profits doit être appuyée du bilan, du tableau de formation du résultat et du tableau économique, fiscal et financier complet conforme aux modèles diffusés par le Conseil permanent de la comptabilité du Congo. Il est joint à la déclaration un relevé récapitulatif des ventes réelles effectuées au cours de l'année précédente. Aux personnes morales, les sociétés commerciales, elles fournissent une copie des procès-verbaux notariés des assemblées ordinaires et extraordinaires approuvant les

[44] Article 57 de l'ordonnance-loi n°10-01 du 20 août 2010 portant institution de la TVA.

états financiers joints à la déclaration fiscale ou ayant entrainé la modification des statuts.

ii. En ce qui concerne la taxe sur la valeur ajoutée pour exercer le droit à la déduction, l'assujetti est tenu de présenter un état détaillé joint à la déclaration mensuelle de la TVA.

Et la loi fait obligation à tout assujetti à la TVA de tenir une comptabilité régulière importante de la manière suivante :

- un livre journal ;
- un grand livre des comptes ;
- une balance de comptes ;
- un journal de vente ;
- un journal d'achat ;
- un livre d'inventaire ;
- un livre des immobilisations.

La loi réprime des amendes administratives, le non-respect des formalités comptables et fiscales ainsi que le mauvais comportement du contribuable, du redevable ou de toute autre personne tendant à faire perdre au trésor public les droits dus, soit par le contribuable ou le redevable légal, soit par le tiers. Ces amendes se présentent comme suit :

- L'absence d'annexes à la déclaration de l'impôt sur les bénéfices et profits est sanctionnée d'une amende de 100.000 FC par annexe. En cas de récidive, cette amende est portée au double, soit 200.000 FC.
- L'absence d'une déclaration ne servant pas au calcul de l'impôt (relevé trimestriel des sommes versées aux tiers et le relevé mensuel des précomptes) est sanctionnée par une amende de 500.000 FC pour les personnes morales et de 250.000 FC pour les personnes physiques.

- Le défaut ou l'insuffisance de reversement du précompte collecté donne lieu au paiement en plus du principal d'une amende égale au montant du précompte dû.
- Le défaut par le locataire de retenir sur les loyers ou reversements de ceux-ci est sanctionné d'une amende égale au montant de la retenue due.
- *Astreinte* qui est une sanction pécuniaire frappant les personnes mises en demeure par pli recommandé avec accusé de réception ou remis en mains propres sous bordereau de décharge, pour n'avoir pas donné suite, dans le délai, à une demande de renseignement de l'Administration fiscale dans le cadre du droit de communication.

Pour permettre aux agents des administrations fiscales de vérifier et contrôler l'exactitude des déclarations des assujettis, la loi leur garantit le droit d'obtenir des personnes physiques ou morales, publiques ou privées, la communication de toutes pièces ou documents nécessaires à l'établissement des impôts et autres droits dus par les redevables. Les personnes précitées ne peuvent opposer les secrets professionnels aux agents.

L'obligation de communiquer n'est pas seulement opposable aux personnes précitées, mais aussi à l'autorité judiciaire, qui a l'obligation de donner connaissance à l'Administration fiscale de toute indication qu'elle peut recueillir, de nature à faire présumer une fraude commise en matière fiscale, ou une manœuvre quelconque ayant pour objet ou résultat de frauder ou de compromettre un impôt qu'il s'agisse d'une instance civile, commerciale ou pénale, même terminée par un non-lieu.

Dans les 15 jours, qui suivent le prononcé de toute décision judiciaire, les pièces restent déposées au greffe à la disposition de l'Administration fiscale. Ainsi, peuvent occasionner les astreintes :

- le refus de répondre dans le délai de la loi à une demande de renseignement est sanctionné d'une astreinte fiscale égale à 100.000 FC pour les personnes morales et 25.000 FC pour les personnes physiques par jour de retard, jusqu'au jour où les informations demandées seront communiquées. Ces astreintes sont infligées par le service, qui a demandé les renseignements et réclamé par voie d'avis de mise en recouvrement[45].

- les astreintes de l'ordre de 1.500.000 FC pour les personnes morales et de l'ordre de 250.000 FC pour les personnes physiques sont infligées en termes d'amende contre toute personne, qui communique les faux renseignements, tandis que la communication partielle de renseignement est sanctionnée par une amende de 750.000 FC pour les personnes morales et 125.000 FC pour les personnes physiques.

- l'omission d'une mention obligatoire constatée dans une facture ou document tenant lieu entraîne une amende de 750.000 FC pour les personnes morales et de 250.000 FC pour les personnes physiques par omission.

- l'opposition au droit d'enquête ou au contrôle inopiné est sanctionnée par une amende de 1.000.000 FC ; en cas de récidive, cette amende est doublée.

- le défaut de formalité préalable à l'ouverture d'une activité soumise à l'impôt est sanctionné par la

[45] Article 13 de la loi sur la réforme des procédures fiscales.

fermeture provisoire ainsi que par une amende de 1.000.000 FC pour les personnes morales et 10.000 FC pour les personnes physiques exerçant les commerces ou une profession libérale et 50.000 FC pour les personnes physiques bénéficiaires des revenus locatifs.

Les astreintes sont des sanctions pécuniaires frappant les personnes mises en demeure par pli recommandé avec accusé de réception ou remis en mains propres sous bordereau de décharge pour n'avoir pas donné suite, dans le délai, à une demande de renseignement de l'Administration fiscale dans le cadre du droit de communication.

Par contre, les amendes administratives sont des sanctions qui répriment le non-respect de formalités comptables et fiscales ainsi que le mauvais comportement du contribuable, redevable ou toute autre personne tendant à faire perdre au trésor public les droits dus.

Les astreintes et les amendes administratives ne peuvent pas se confondre avec les amendes transactionnelles ou judiciaires infligées par les officiers de police judiciaire, les officiers du ministère public ou le juge saisi d'une infraction fiscale, qui impliquent les délits pénaux.

- *Récidive :* le fait de commettre une même infraction déjà sanctionnée, dans un délai de deux ans ou de six mois en ce qui concerne respectivement les impôts annuels et les autres impôts.

§2. Particularités des infractions et des pénalités à la Taxe sur la valeur ajoutée

L'absence de déclaration d'assujettissement auprès de l'Administration fiscale dans le délai est sanctionnée par une amende de 500.000 FC[46]. Sans préjudice des poursuites pénales, toute mention abusive de la TVA portée sur une facture ou un document en tenant lieu est sanctionnée par une amende fiscale égale au triple du montant de la taxe illégalement facturée.

Sans préjudice des poursuites pénales, le contribuable, qui émet une fausse facture comprenant la TVA ou qui falsifie une facture présentée en justification d'une déduction est soumis au paiement d'une amende fiscale égale au triple de la taxe ainsi facturée.

L'absence de facture ou de document en tenant lieu, en cas de livraison de biens prestations de services effectués par un redevable de la TVA est sanctionnée par une amende fiscale égale au double du montant des droits compromis. En cas de récidive, l'amende est triplée.

Tout remboursement de crédits de la TVA obtenu sur la base de fausses factures donne lieu à restitution immédiate des sommes indûment perçues, assorties d'une amende égale au même montant. Toute déduction effectuée et ne correspondant pas en partie ou en totalité à une acquisition des biens ou à une prestation des services est sanctionnée par une amende fiscale égale au montant des droits indument déduits.

Tout manquement à l'obligation prévue à l'article 59 bis de l'ordonnance-loi n° 10/001 du 20 août 2010 portant institution de la TVA est sanctionné par la perte du droit à déduction de la TVA supportée. Le défaut de retenue à la source de la TVA prévue à l'article 53 est sanctionné par une amende égale au montant de la retenue. Le défaut d'utilisation, par l'assujetti à la TVA, du dispositif

---

[46] Article 69 et ss de l'ordonnance – loi n°10/001 du 20 août 2010 portant institution de la TVA.

électronique fiscal lors de ses transactions est sanctionné par une amende égale à 10.000.000 FC[47]. Cette disposition s'applique à compter du 1er janvier 2019 conformément à l'article 57 de la loi de finances n° 17/005 du 23 juin 2017.

Les infractions en matière de la TVA découlant de l'importation des marchandises sont constatées, poursuivies et sanctionnées conformément à la législation douanière. Sans préjudice des dispositions de la présente ordonnance-loi, le régime général des pénalités prévues par la loi n°004/2003 du 13 mars 2003 portant réforme des procédures fiscales s'applique.

Le défaut de souscription d'une déclaration de la TVA créditrice dans le délai est sanctionné par une amende de 1.500.000 FC et par la perte d'une quotité de 10 % du montant du crédit. Il est sanctionné par une amende de 500.000 Francs congolais pour le cas de déclaration sur la TVA d'un montant nul.

Au sens de l'article 153[48] de l'ordonnance-loi instituant la TVA faisant allusion aux articles 69 à 74, sont sanctionnées :

- l'absence de déclaration d'assujettissement dans le délai ;
- la mention abusive de la TVA sur une facture ou un document en tenant lieu ;
- la falsification d'une facture présentée en justification d'une déduction ;
- l'absence d'une facture ou de document tenant lieu ;
- l'utilisation d'une fausse facture pour le remboursement de crédit de la TVA ;

---

[47] Article 74 de l'ordonnance - loi n°10/001 du 20 août 2010 portant institution de la TVA.

[48] Article 153 de l'ordonnance - loi n°10/001 du 20 août 2010 portant institution de la TVA, adapté conformément à l'OL n°13/007 du 23 janvier 2013.

- toute déduction effectuée et ne correspondant pas, en partie ou en totalité, à une acquisition de bien ou à une prestation de services, etc.

§3. Les sanctions fiscales de nature pénale

L'Administration fiscale fait réprimer les manquements les plus graves par des sanctions pénales fiscales, pour donner un caractère dissuasif à la fraude fiscale Car elle est maîtresse de l'initiative de l'engagement des poursuites pénales. Les sanctions pénales[49] prévues aux articles 123 et 124 du code pénal congolais peuvent ainsi être appliquées en cas de non-respect des règles fiscales impératives. Il s'agit notamment de la peine de servitude pénale, d'une amende égale au montant éludé ou non payé dans le délai ou l'une de ces peines seulement.

Le cumul des sanctions fiscales et des sanctions pénales semble entrer en contradiction avec un principe du droit de procédure pénale : la règle « *non bis in idem* » du code de procédure pénale qui dispose « aucune personne acquittée légalement ne peut plus être reprise ou accusée à raison des mêmes faits, même sous une qualification différente », rédigée dans un souci de protection des libertés individuelles de la personne poursuivie.

Selon l'Administration fiscale, le fait d'infliger une sanction administrative au contribuable ne prive en rien les juridictions répressives de sanctionner pénalement le comportement répréhensible du contribuable.

Cependant, la règle *« non bis in idem »* est protégée par le Pacte de New York relatif aux droits civils et politiques du 16 décembre 1966 rappelant que nul ne peut être poursuivi

---

[49] Article 101 et ss de la loi n°004/2003 du 13 mars 2003 portant réforme des procédures fiscales en RDC, cfr Loi des finances n°17/014 du 24 décembre 2017.

ou puni en raison d'une infraction pour laquelle il a déjà été acquitté ou condamné par un jugement définitif conformément à la loi et à la procédure pénale de chaque pays.

Chapitre III

POURSUITE DES INFRACTIONS FISCALES EN DROIT CONGOLAIS

L'autonomie du droit fiscal fait que les infractions fiscales soient poursuivies selon une procédure particulière.

En droit congolais, en principe, les infractions fiscales peuvent aussi être poursuivies par le ministère public. Le procureur de la République exerce la poursuite pénale soit sur requête de l'agent de l'Administration fiscale revêtu de la qualité d'officier de police judiciaire à compétence restreinte, soit sur celle du directeur général ou du directeur compétent, selon le cas. Les poursuites pénales du chef de fraude fiscale ont une nature et un objet différent de ceux des poursuites exercées par l'Administration fiscale dans le cadre du contrôle fiscal tendant au recouvrement des impositions éludées.

Ainsi, au regard des dispositions de l'article 103 de la loi portant réforme des procédures fiscales[50], il paraît juste de relever que ni le procureur, ni la partie civile autre que l'Administration fiscale agissant par le directeur ou l'agent ayant la qualité d'officier de police judiciaire ne peut enclencher ce processus. Il s'agit d'une formalité substantielle, dont l'observation est d'ordre public.

---

[50] Article 103 de l'ordonnance – loi n°13/003 du 23 février 2013 portant réforme des procédures relatives à l'assiette, au contrôle et aux modalités de recouvrement des recettes.

C'est pourquoi, il est réglementé que tout autre officier de police judiciaire à compétence générale ou restreinte ou tout inspecteur de police judiciaire, tout service de sécurité, tout agent public de l'État ne peut mener des enquêtes en matière de contrôle et de recouvrement des droits, taxes et autres redevances dus à l'État qu'à la seule condition d'être requis par l'Administration fiscale conformément aux dispositions légales en vigueur. Et toute immixtion des services non autorisés est prohibée sous peine de poursuites disciplinaires à l'endroit de son auteur.

Ce qui revient à dire que toute dénonciation mérite d'être portée devant l'Administration fiscale sous peine d'irrecevabilité de l'action devant le juge administratif. Le pouvoir judiciaire étant le garant des libertés individuelles et des droits fondamentaux des citoyens appelés à dire le droit ne sont soumis dans l'exercice de leur fonction qu'à l'autorité de la loi[51].

La constitution de la RDC organise deux ordres de juridictions : d'une part, l'ordre judiciaire, composé des cours et tribunaux civils et militaires placés sous le contrôle de la cour de cassation et, d'autre part, l'ordre administratif, composé du conseil d'État et des cours et tribunaux administratifs[52].

Tout contentieux fiscal doit être initié par la phase administrative avant de saisir le juge. Le recours juridictionnel contre la décision de rejet total ou partiel

---

[51] Article 150 de la constitution de la RDC du 18 février 2006.
[52] Articles 153 et 154 de la constitution de la RDC du 18 février 2006.

rendue par l'Administration fiscale est de la compétence de la cour administrative d'appel[53] .

Bien que la loi organique n°16/027 du 15 octobre 2016 portant organisation, compétence et fonctionnement des juridictions de l'ordre administratif soit promulguée, l'installation de la cour administrative d'appel et des tribunaux administratifs n'est pas encore effective. En attendant, les cours d'appel exercent les compétences leur dévolues et ce, conformément à la loi organique n°13/011-B du 11 avril 2013 portant organisation, fonctionnement et compétence de juridiction de l'ordre judiciaire[54].

La procédure civile étant celle des tribunaux civils, la procédure pénale, celle des tribunaux répressifs, on ne pourrait mettre sur le même pied une « procédure fiscale » qui est une procédure administrative puisqu'il n'existe pas de tribunaux fiscaux mais plutôt administratifs.

Les procédures fiscales renvoient plutôt à l'ensemble des mécanismes mis en place par l'Administration fiscale allant de la constatation, liquidation, ordonnancement, recouvrement et au contentieux fiscal. Ainsi, il est question d'analyser, ici, les règles particulières des poursuites pénales des infractions fiscales (I) ainsi que les enjeux du contentieux répressif fiscal (II).

---

[53] Article 69 de de l'ordonnance – loi n°13/003 du 23 février 2013 portant réforme des procédures relatives à l'assiette, au contrôle et aux modalités de recouvrement des recettes.

[54] Articles 224 de la constitution de la RDC et 155 de la loi organique n° 13/011-B du 11 avril 2013 portant organisation, fonctionnement et compétences des juridictions de l'ordre judiciaire.

Section I : RÈGLES PARTICULIÈRES DE POURSUITE DES INFRACTIONS FISCALES

Pour une bonne compréhension des règles particulières des poursuites pénales des infractions fiscales, trois points méritent d'être analysés à savoir l'exercice de l'action publique (1), la mise en mouvement de l'action publique (2) et le délai de prescription de l'action publique fiscale (3).

§1. L'exercice de l'action publique en matière fiscale

1. Notion

Il est posé le principe de la dualité de l'action publique et de l'action fiscale. L'action publique est mise en mouvement et appartient à l'Administration fiscale. Elle est exercée par le procureur saisi par la décision de l'Administration fiscale[55].
L'Administration fiscale, seule, a les pouvoirs d'exercer les poursuites concurremment avec le ministère public pour les infractions fiscales dans le but de faire condamner le délinquant et obtenir ainsi la réparation du dommage causé par la fraude, dans un intérêt public. Le ministère public peut également exercer l'action fiscale accessoirement à l'action publique. La procédure pénale en matière fiscale déroge au droit commun.

À la différence des autres infractions, la fraude fiscale ne peut pas être poursuivie d'office par le procureur de la République. Celui-ci, en effet, ne peut mettre en mouvement l'action publique que dans la mesure où l'Administration fiscale a préalablement déposé une

[55] A. SOHIER· *Droit de procédure du Congo-Belge*, 2ème édition, Maison Ferdinand Larcier, Bruxelles, Société d'Études Juridiques, 1955, p. 333.

plainte. Il s'agit d'une formalité substantielle dont le respect est d'ordre public. Il s'ensuit que les juges du fond seraient en droit de déclarer d'office l'irrecevabilité découlant de son inobservation. Cette prérogative trouve son fondement dans la nature particulière du délit fiscal et permet à l'Administration fiscale d'être juge de l'opportunité des poursuites.

2. Les modalités d'exercice de l'action publique en matière fiscale

A. La plainte de l'Administration fiscale

L'exercice de l'action publique suppose toute une série d'actes depuis la mise en mouvement de l'action jusqu'à l'exercice des voies de recours. Le ministère public, informé de la commission d'une infraction, est en principe libre de poursuivre ou de ne pas poursuivre[56].

Parfois, il est tenu d'agir alors qu'il ne le voudrait pas, et à l'inverse dans certains cas alors qu'il voudrait poursuivre, il ne peut le faire sans une autorisation, sans une plainte de la partie lésée ou qu'une autre juridiction ait résolu une question préjudicielle à l'exercice de l'action publique.

Dans certains cas, la plainte nécessaire à la décision de poursuite devra provenir de l'Administration fiscale parce que celle- ci apparaîtra particulièrement lésée par l'infraction commise.

Ainsi, la plainte de l'Administration fiscale saisit nécessairement le parquet de l'ensemble des faits constatés et il appartient au ministère public d'apprécier la suite à leur donner et s'il y a lieu, de déférer à la juridiction répressive les personnes contre lesquelles il

[56] Il s'agit de la règle de l'opportunité des poursuites.

estime devoir exercer l'action publique en raison du délit dénoncé.

La plainte se présente sous la forme d'une lettre au procureur de la République, dans laquelle sont analysés les faits constitutifs de l'infraction tant dans ses éléments matériels que dans son élément intentionnel. La plainte mentionne que l'Administration fiscale se constituera partie civile en cours d'instruction.

B. La constitution de partie civile

Lorsqu'une information est ouverte par l'autorité judiciaire sur la plainte de l'Administration fiscale, cette administration peut se constituer partie civile. En cette qualité, l'Administration fiscale exerce devant la juridiction répressive une action civile d'une nature particulière, qui ne tend pas, comme en droit commun, à obtenir des juridictions la fixation du préjudice subi et l'allocation d'une réparation pécuniaire.

L'Administration fiscale tient, en effet, le pouvoir de déterminer et de mettre elle-même sous le contrôle du juge de l'impôt à la charge du redevable, les droits auxquels le contribuable a entendu se soustraire par des procédés frauduleux ainsi que les pénalités fiscales destinées à assurer cette réparation.

L'intervention de l'Administration fiscale en qualité de partie civile a pour principal intérêt de lui permettre d'être présente à tous les stades de la procédure, de fournir tous les documents et renseignements de nature à éclairer les magistrats, de répondre aux arguments injustifiés des personnes poursuivies, de s'opposer à leurs manœuvres dilatoires et, d'une façon générale, de provoquer les mesures les plus efficaces pour la répression de l'infraction. Son rôle s'apparente, en fait, à celui d'une partie jointe au ministère public.

§2. La mise en mouvement de l'action publique par l'Administration fiscale

1. Notion

L'Administration fiscale peut prendre le rôle de partie poursuivante et intenter l'action à l'exclusion du ministère public, qui ne prend aucune initiative et n'intervient comme partie jointe dans le cours des débats.

Par contre, les faits de droit commun perpétrés, à l'occasion d'infractions fiscales ou en connexité avec elles, continuent à relever des officiers du parquet. Il en est ainsi des violences et outrages, qui seraient dirigés contre les agents de l'Administration fiscale dans l'exercice de leurs fonctions.

Lorsqu'une infraction fiscale et celle de droit commun connexe ont été perpétrées, le classement sans suite ou l'acquittement intervenu pour le fait de droit commun n'empêche pas l'action de l'Administration fiscale se poursuivre, sauf en cas de transaction.

Les lois fiscales admettent que l'Administration fiscale transige sur l'action publique, en tout état de cause, jusqu'à la survenance d'une décision définitive. La transaction acceptée constitue un contrat entre l'Administration fiscale et le contrevenant.

Certaines dispositions peuvent interdire les transactions ou restreindre les droits de l'Administration fiscale. La transaction acceptée est extinctive de l'action publique. Son bénéfice est individuel. Elle ne constituerait pas une fin de non-recevoir en faveur des coauteurs et complices de l'infraction.

Les pouvoirs de transaction de l'Administration fiscale se limitent aux infractions fiscales et ne s'appliquent pas aux infractions de droit commun qui y seraient connexes, par exemple, aux coups et blessures et outrages dirigés contre les agents verbalisant, lesquels faits sont poursuivis de la même manière par les officiers du ministère public.

2. La décision de poursuite en matière fiscale

En principe et au regard du droit commun, la décision de poursuite incombe au procureur de la République une fois qu'il a apprécié la légalité et l'opportunité de poursuite. Dans le cas des impôts, la plainte nécessaire à la décision de poursuite devra provenir de l'Administration fiscale parce que celle-ci apparaîtra particulièrement lésée par l'infraction commise.

3. L'action publique exercée par l'Administration fiscale

L'action publique exercée par l'Administration fiscale en vue d'obtenir la condamnation du contrevenant à une peine pécuniaire, dans le but de sanctionner et de réparer à la fois, est d'une nature particulière.

Alors que le ministère public n'a pas la plénitude de l'action publique et ne peut transiger, l'Administration fiscale a le pouvoir d'arrêter cette action en faisant une transaction avec le contrevenant. Intervenue avant le jugement, la transaction éteint complètement l'action publique aussi bien en ce qui concerne l'application des peines de prison que des peines pécuniaires.

De plus, à la différence du ministère public, qui ne supporte guère les frais du procès pénal, l'Administration fiscale, qui succombe après avoir engagé des poursuites, est tenue de payer les frais dans les mêmes conditions que la partie civile en cas d'acquittement du prévenu.

Par contre, les frais d'instance sont à charge du contrevenant. En d'autres termes, la condamnation aux frais a lieu comme en matière pénale. Le contrevenant poursuivi n'échappera pas à cette condamnation du fait que le montant des droits fraudés est moins fort que ne l'énonçait la poursuite et que ne le prétendait l'Administration fiscale, du moment qu'en fait il y a eu, par exemple, déclaration incomplète ou inexacte.

§3. La diversification de l'action publique pour lutter contre les infractions de droit commun de nature fiscale

L'Administration fiscale peut être amenée à déposer plainte ou à se constituer partie civile, au nom de l'État, dans les affaires où un préjudice de nature fiscale a été révélé. Il pourra s'agir notamment de l'escroquerie à la TVA, du blanchiment de la fraude fiscale ainsi que de la conception et commercialisation des logiciels de caisse.

1. L'escroquerie ou tentative d'escroquerie de nature fiscale

La plainte pour escroquerie ou tentative d'escroquerie à la TVA est généralement privilégiée par l'Administration par rapport à celle pour fraude fiscale en présence des manœuvres frauduleuses et d'une remise de fonds de l'État. C'est notamment le cas d'une escroquerie fiscale laissant présumer la participation de multiples personnes, dès lors que l'incrimination du chef d'escroquerie peut faciliter la mise en cause, comme coauteurs ou complices, de l'ensemble des participants alors que des poursuites du seul délit de fraude fiscale permettent difficilement d'appréhender les différents maillons du circuit frauduleux.

À cet égard, l'escroquerie est constituée à la charge de l'auteur des manœuvres frauduleuses quel que soit le bénéficiaire de la remise. Ainsi, le dirigeant d'une société « taxi », qui facture indûment la TVA sans la reverser au trésor public peut être poursuivi pour escroquerie alors même que la société qu'il dirige n'a pas bénéficié directement de remboursement de TVA. Dans cet exemple, les manœuvres sont généralement caractérisées par l'existence de fausses factures ou/et le caractère artificiel de la société taxi.

En pareils cas, le dépôt rapide de la plainte pourra conduire l'autorité judiciaire à mettre en œuvre des moyens d'investigations plus étendus que ceux dont dispose l'Administration fiscale.

2. Le blanchiment de fraude fiscale

Le blanchiment est le fait de faciliter, par tout moyen, la justification mensongère de l'origine des biens ou des revenus de l'auteur d'une infraction ayant procuré à celui-ci un profit direct ou indirect. Constitue également du blanchiment le fait d'apporter un concours à une opération de placement, de dissimulation ou de conversion du produit direct ou indirect d'une infraction conformément au code pénal.

Cette infraction vise à mieux appréhender les montages juridiques et financiers dénués de toute rationalité économique et dont la complexité ne peut avoir d'autre objet que d'éviter la traçabilité des flux et d'en dissimuler l'origine.

L'Administration fiscale veille à développer son action pénale à l'encontre des personnes, physiques ou morales, qui interviennent en amont ou en aval de la fraude fiscale (la conception d'un montage, le placement ou la dissimulation du produit de la fraude) en déposant des plaintes pour blanchiment de fraude fiscale à leur encontre, indépendamment de l'existence ou non d'une plainte pour fraude fiscale. L'engagement des poursuites en matière de blanchiment de fraude fiscale présente un réel intérêt en complément de celles engagées pour fraude fiscale.

L'incrimination du chef de blanchiment de fraude fiscale facilite la mise en cause de différents acteurs de la fraude fiscale indépendamment d'éventuelles poursuites pour fraude fiscale ou complicité de fraude fiscale. Celle-ci a un effet répressif et dissuasif élevé, en raison du niveau des peines encourues en cas de blanchiment, notamment quand le délit a été réalisé avec des circonstances aggravantes.

3. L'atteinte à un système de traitement automatisé de données

Cet ensemble d'incriminations peut permettre de poursuivre les personnes physiques ou morales concevant et commercialisant des logiciels de gestion ou de caisse permissifs utilisés par des commerçants pour dissimuler des recettes perçues en espèces. Les poursuites peuvent être engagées indépendamment de celles pour fraude fiscale susceptibles d'être initiées à l'encontre des utilisateurs de ces logiciels.

La nécessité de porter un coup d'arrêt au développement de ce type d'infraction portant une atteinte grave à l'ordre public doit conduire le ministère public à engager rapidement des poursuites quand de tels faits sont portés à sa connaissance, même en l'absence d'une plainte préalable de l'Administration fiscale.

L'ouverture d'une information judiciaire sera envisagée en fonction, d'une part, de la complexité technique de l'affaire qui, généralement, nécessite une expertise informatique en complément de celle effectuée par l'Administration fiscale et, d'autre part, de l'ampleur du phénomène du fait qu'un même logiciel de gestion ou de caisse permissif pouvant être utilisé à des fins de fraude fiscale par plusieurs milliers de professionnels.

§4. Le délai de prescription de l'action publique en matière fiscale

1. Notion de prescription de droit commun

Les infractions fiscales dérogent au droit commun de la prescription prévue aux articles 24 à 26 du code pénal. Le principe demeure identique, car du chef d'une infraction fiscale, une personne ne peut plus être inquiétée après un certain délai sans qu'un acte interruptif de la prescription soit intervenu. Seul le délai diffère. Il est admis en droit que l'action publique expire après un laps de temps bien déterminé par une prescription d'ordre public que l'autorité judiciaire, qui en est saisie, doit soulever d'office.

À cet effet, l'article 24 du code pénal congolais[57] prévoit que l'action publique résultant d'une infraction sera prescrite :

K. Après un an révolu, si l'infraction n'est punie que d'une peine d'amende ou si le maximum de la servitude pénale applicable ne dépasse pas une année ;
L. Après trois ans révolus, si le maximum de la servitude pénale applicable ne dépasse pas cinq ans ;
M. Après dix ans révolus, si l'infraction peut entraîner plus de cinq années de servitude pénale ou la peine de mort .

Dès que la prescription est acquise, l'action publique ne peut plus être exercée. La prescription est d'ordre public et peut être renoncée par l'intéressé. La prescription peut, néanmoins, être interrompue par un acte d'instruction ou de poursuite, par exemple, les mandats de comparution, d'arrêt et d'amener du prévenu, le jugement, etc.

Partant des articles 27 à 29 du code pénal, les peines se prescrivent en :
- deux ou quatre années révolues selon l'importance de l'amende ;
- délai double de la peine prononcée pour les peines de servitude pénale de deux ans ou moins, sans que ce délai puisse être inférieur à deux ans.

Le seul cas d'interruption des peines prévu est l'arrestation du condamné (article 33 du code pénal).

Cela étant, notons que la prescription est fondée sur le fait qu'après l'écoulement d'un certain temps, l'infraction est réputée oubliée et en pareilles circonstances, l'action publique ne peut être reçue, la raison d'être de la répression, nous précisons, l'intérêt social, qui, après un

---

[57] Article 24 du code pénal congolais.

espace de temps plus ou moins long, dicte la renonciation à des poursuites, qui sont devenues, dit-on, inutiles pour l'ordre public.

La prescription ayant, pour conséquence, l'assurance de l'impunité aux coupables au bout d'un certain temps, ne peut-elle pas justifier, implicitement, du moins dans certains cas particuliers, le recours au classement pour inopportunité des poursuites en plaçant les coupables à l'abri de la répression pourtant légitime en attendant un moment, qui viendra, en effet, où il serait socialement mauvais de remuer les cendres d'une vielle affaire [58] ?

2. L'extinction de l'action publique en matière fiscale

Les lois envisagent divers modes d'extinction de l'action publique. Celle-ci est, en effet, éteinte en matière fiscale comme en matière de droit commun par :

- La mort du contrevenant, que la poursuite soit ou non commencée.
  Il n'y a pas, néanmoins, obstacle au recouvrement des condamnations pécuniaires contre les héritiers du décédé condamné par un jugement devenu irrévocable. Par contre, toutes poursuites et exécutions en vertu d'une décision n'ayant pas acquis force de chose jugée sont interdites[59].

- La loi d'amnistie
  Elle entrave l'action publique, éteint les condamnations déjà prononcées et fait disparaître le caractère

[58] KAMBALE MATHE, *réflexions sur le classement pour inopportunité des poursuites face à la politique criminelle en droit positif congolais*, UNIGOM, Goma, 2017.

[59] Cass.fr 7 novembre 1946, R.D ; trib. Bordeaux, 3 mai 1948, RD ; 1948, 455.

délictueux des faits auxquels elle s'applique. Elle constitue l'oubli pénal complet.

- L'exception de la chose jugée
  On se refuse à punir de nouveau un coupable déjà condamné à raison d'une même infraction. On ne peut non plus remettre à prévention un individu acquitté. La règle « *non bis in idem* » constitue un obstacle à ce que la même poursuite soit reproduite devant les tribunaux.

- La transaction
  Lorsqu'elle est acceptée, elle enraye l'action publique. Le paiement par le contrevenant de la somme demandée par l'Administration fiscale produit des effets s'il est intervenu dans le délai indiqué.

- La prescription
  Après l'écoulement d'un certain laps de temps, l'action publique ne doit plus être reçue à raison de la disparition des preuves et des témoins. Généralement, la prescription a lieu après un espace de temps relativement long. Cette prescription concerne l'action publique et la peine.

  Quand il y a prescription de la peine, il y a impossibilité d'exécuter matériellement l'arrêt ou le jugement de condamnation, mais le principe de cette dernière subsiste. Par contre, lorsqu'il y a prescription de l'action, il n'existe pas de possibilité d'attraire l'inculpé devant la juridiction de jugement pour faire prononcer la peine. La prescription de la peine a trait à l'exécution ; la prescription de l'action concerne la poursuite.

3. La date de l'infraction et la prescription de l'action publique

La date à laquelle l'infraction se réalise ne doit pas être confondue avec celle où sont accomplis les actes l'ayant facilitée ou permise. En cas de dissimulation, l'infraction est consommée au moment du dépôt de la déclaration mensongère souscrite par le contribuable sans qu'il y ait lieu de faire état de la date à laquelle ont été effectuées les falsifications de pièces comptables ou les manœuvres tendant à justifier l'exactitude de cette déclaration[60].

S'il s'agit d'une fraude par omission volontaire de déclarations, l'infraction doit être considérée comme étant commise à la date d'expiration du délai légal fixé pour le dépôt de la déclaration. Toutefois, en cas de dépôt hors délai d'une déclaration minorée, l'infraction est réalisée à la date du dépôt.

En définitive, le point de départ de la prescription est déterminé par l'alternative suivante :

- Soit une déclaration a été souscrite et la prescription commence à courir de la date effective du dépôt y compris en cas de déclaration déposée hors délai ;
- Soit il y a défaut de déclaration et le point de départ de la prescription est uniforme à la date d'expiration du délai légal prévu à cet effet.

4. Les règles particulières de l'interruption de la prescription des infractions fiscales

La prescription des infractions fiscales peut être interrompue. La rédaction d'un procès-verbal régulier ou une demande d'instruction judiciaire adressée au parquet interrompt la prescription.

[60] Cass. Crim, 3 novembre 1976, n° 76-90581.

Par contre, l'invitation à souscrire une transaction sous menace de poursuites judiciaires adressée au délinquant par le fonctionnaire compétent pour exercer l'action publique n'est pas reconnue comme interruptive de la prescription. Cette invitation, en effet, ne peut être considérée comme un acte d'instruction ou de poursuite[61], car elle n'est pas un acte judiciaire impliquant l'exercice de l'action publique.

Par contre, au regard des pouvoirs étendus de l'Administration fiscale, ses actes administratifs peuvent interrompre la prescription. D'aucuns prétextent la nature de la transaction fiscale qu'ils prennent pour prétexte à qualifier de jugement fiscal pour justifier leur avis.

Section II. CONTENTIEUX RÉPRESSIF FISCAL EN DROIT CONGOLAIS

Tour à tour, il est question d'analyser les considérations sur le contentieux répressif fiscal (1), la responsabilité pénale en matière fiscale (2) ainsi que les mécanismes de renforcement de l'action publique en matière fiscale (3).

§1. Les considérations sur le contentieux répressif fiscal

Le contentieux répressif se dédouble puisqu'il se déroule, suivant les modalités pratiques, soit devant le juge de l'impôt, soit devant le juge pénal.

---

[61] E. LAMY, *op. cit.*, p. 494.

1. Incompétence matérielle des juridictions de l'ordre administratif en matière pénale

A. Organisation et compétences matérielles des juridictions de l'ordre administratif

Le procès fiscal, dit Martin Collet[62], est le procès fait à un acte, à une décision de taxation et, lorsqu'il est saisi, l'office du juge consiste uniquement à déterminer si cet acte est conforme à la loi fiscale en vigueur à la date du fait générateur de l'impôt. Il s'agit donc d'un contentieux objectif de la légalité.

La saisine de la juridiction compétente permet à la partie lésée d'exercer ses droits ou réclamations par voie judiciaire. Ainsi, il sera aussi question d'analyser le goulot d'étranglement de l'incompétence des juridictions de l'ordre administratif en matière pénale.

A. 1. La juridiction compétente

Le pouvoir judiciaire est le garant des libertés individuelles et des droits fondamentaux des citoyens; et les juges, appelés à dire le droit, ne sont soumis dans l'exercice de leur fonction qu'à l'autorité de la loi[63].

La constitution de la RDC organise deux ordres de juridictions; d'une part, l'ordre judiciaire, composé des cours et tribunaux civils et militaires placés sous le contrôle de la cour de cassation et, d'autre part, l'ordre administratif, composé du conseil d'État et des cours et tribunaux administratifs[64]. Le recours juridictionnel contre la décision de rejet total ou partiel rendue par

---

[62] Martin Collet, *op. cit*, p. 151.
[63] Article 150 de la constitution de la RDC du 18 février 2006
[64] Articles 153 et 154 de la constitution de la RDC du 18 février 2006

l'Administration fiscale est de la compétence de la cour administrative d'appel[65] .

Bien que la loi organique n°16/027 du 15 octobre 2016 portant organisation, compétence et fonctionnement des juridictions de l'ordre administratif soit promulguée, l'installation de la cour administrative d'appel n'est pas encore effective. En attendant, les cours d'appel exercent les compétences leur dévolues et ce, conformément à la loi organique n°13/011-B du 11 avril 2013 portant organisation, fonctionnement et compétence de juridiction de l'ordre judiciaire[66].

Il est donc impérieux d'examiner, à ce niveau, l'organisation et la compétence de la cour administrative d'appel avant de passer en revue les conditions de recevabilité de la requête de l'assujetti et de déterminer la dualité et la nature du contentieux répressif fiscal et tous les autres enjeux et défis sur le contentieux répressif fiscal.

A.2. Organisation et de la compétence de la cour administrative d'appel

Il ne s'agit pas ici de reprendre, *in extenso*, les règles, qui gouvernent l'organisation et la compétence de la cour administrative d'appel, telles qu'édictées par la loi organique n° 16/027 précitée, mais plutôt d'énoncer quelques principes de base relatifs à la requête introductive d'instance auprès de cette cour.

---

[65] Article 69 de l'ordonnance-loi n°13/003 du 23 Février 2013 portant réforme des procédures fiscales en RDC.

[66] Articles 224 de la constitution de la RDC et 155 de la loi organique n° 13/011-B du 11 avril 2013 portant organisation, fonctionnement et compétences des juridictions de l'ordre judiciaire.

Aux termes de l'article 81 de la loi organique précitée, les règles de compétence des juridictions de l'ordre administratif sont d'ordre public. Les parties ne peuvent pas y déroger. Aussi, la cour administrative d'appel est-elle compétente en matières consultative et contentieuse.

a. Compétence de la cour administrative d'appel en matière consultative

La section consultative de la cour administrative d'appel est compétente pour donner des avis motivés sur les textes de tout projet ou de toute proposition d'édit, d'acte, de règlement ou de décisions des autorités provinciales et des organismes placés sous tutelle. Elle se prononce sur les difficultés d'interprétation de ces textes[67].

La section consultative donne des avis motivés, notamment sur la constitutionnalité, la légalité et la conformité aux règlements d'exécution nationaux des édits ainsi que sur la légalité et la conformité aux édits des règlements des autorités provinciales pour lesquelles elle est consultée. Elle donne des avis motivés sur la pertinence des moyens juridiques retenus pour atteindre les objectifs que les autorités administratives provinciales se sont assignés, en tenant compte des contraintes inhérentes à l'action administrative.

Par voie d'avis motivé, elle répond aux questions, qui soulèvent une difficulté d'interprétation des textes visés à l'alinéa " *i* " du présent article devant une juridiction ou une autorité administrative provinciale et attire l'attention

[67] Article 94 de la loi organique n°16/027 du 15 octobre 2016 portant organisation, compétence et fonctionnement des juridictions de l'ordre administratif.

des pouvoirs publics provinciaux sur les réformes, qui paraissent nécessaires pour l'intérêt général[68].

b. Compétence de la cour administrative d'appel en matière contentieuse

La section du contentieux de la cour administrative d'appel est compétente pour connaître, au second degré, de l'appel des jugements et ordonnances rendus par les tribunaux administratifs ainsi que de l'appel des décisions prises par des organes disciplinaires des provinces, des organismes publics ou des ordres professionnels provinciaux et locaux[69].

Elle connaît, au premier degré, des recours en annulation, pour violation de la loi, de l'édit et du règlement, formés contre les actes, règlements ou décisions des autorités administratives provinciales et des organismes publics placés sous leur tutelle ainsi que des organes provinciaux des ordres professionnels. Elle se prononce soit en suspension, soit en annulation desdits actes.

Elle connaît également, au premier degré, le contentieux des élections des députés provinciaux, des gouverneurs et vice-gouverneurs de province ainsi que les recours sur réclamation du contribuable contre les décisions prises par l'Administration fiscale.

La cour administrative d'appel connaît, toutes sections réunies, des matières estimées complexes par le premier président ou les présidents des sections[70]. La cour administrative d'appel territorialement compétente pour connaître un appel formé contre un jugement d'un tribunal

[68] Article 95 de la loi organique n°16/027, sus évoquée.

[69] Article 96 de la loi organique n°16/027, sus évoquée.

[70] Articles 97, 98, 99,100 et ss de la loi organique n°16/027 du 15 octobre 2016, sus évoquée.

administratif est celle dans le ressort duquel ce tribunal a son siège.

Lorsque deux cours administratives d'appel sont simultanément saisies de demandes distinctes mais connexes, relevant normalement de leur compétence territoriale respective, chacun des deux premiers présidents intéressés saisit le conseil d'État et lui transmet, en l'état, le dossier de la cause.

L'ordonnance de renvoi est notifiée au premier président de l'autre cour administrative d'appel, lequel transmet également, toutes affaires cessantes, au conseil d'État, le dossier de la demande lui soumise. La section du contentieux du conseil d'État se prononce sur l'existence d'un lien de connexité et, le cas échéant, détermine la juridiction compétente, qui connaîtra ces demandes connexes.

C'est la section du contentieux qui connaît, en premier et dernier ressort, des recours introduits sur réclamation du contribuable, contre les décisions prises par l'Administration fiscale, qui ne donnent pas entière satisfaction à l'intéressé.

Enfin, les arrêts rendus par la cour administrative d'appel sont motivés et exécutoires[71]. Toutefois, le pourvoi en cassation est ouvert contre ces arrêts devant la section du contentieux du conseil d'État suivant les conditions fixées par les articles 85 et suivants de la loi organique sus-indiquée.

---

[71] Article 6 de la loi organique n°16/027 du 15 octobre 2016, sus évoquée.

b. Conditions de recevabilité du recours de l'assujetti

La requête introduite contre la décision de l'Administration fiscale n'est valable que si les conditions suivantes sont réunies :

- Le requérant doit avoir introduit préalablement sa réclamation auprès de l'Administration fiscale.
- La décision attaquée doit émaner du directeur général, provincial ou urbain de l'Administration fiscale, étant entendu que la décision de rejet total ou partiel de la réclamation prise par le ministre des finances relève actuellement de la compétence du conseil d'État.
- Le requérant doit avoir la qualité et la capacité requises pour agir en justice et justifier d'un intérêt direct, actuel et individuel.
- La requête doit être introduite dans un délai de 3 mois à partir de la notification de la décision de l'Administration fiscale à l'assujetti ou, en l'absence de la décision, à compter de la date d'expiration du délai de trois mois prévu à l'article 68 de la loi sous examen.
- Le requérant doit constituer une garantie d'un montant égal à celui du montant du droit, taxe ou redevance contesté auprès soit d'une banque commerciale agréée, soit de la Banque centrale du Congo.

La requête n'est recevable que si le demandeur a consigné en garantie au profit de l'Administration fiscale auprès d'une banque sur un compte séquestre produisant intérêt, au taux légal, une somme égale au montant des droits contestés.

c. Le déroulement de l'instance

La cour administrative d'Appel est saisie par la requête de l'assujetti introduite dans son intérêt personnel. Cette requête contient son identité et l'adresse des parties, l'exposé des faits et des moyens ainsi que les conclusions. Elle est accompagnée de la copie de décision de rejet total ou partiel de la réclamation prise par l'Administration fiscale ainsi que de la preuve du dépôt de cette réclamation auprès cette administration. En cas de défaut de la décision attaquée, le récépissé du dépôt, à la poste, de la réclamation contentieuse ou du dépôt, par porteur, de ladite réclamation, est joint à la requête.

Dans sa requête, l'assujetti ne peut contester les taxations différentes de celles contenues dans sa réclamation, ni solliciter un dégrèvement supérieur à celui, qui figure dans sa réclamation initiale. Autrement dit, aucune demande nouvelle ne peut être présentée à l'occasion de ce recours. Toutefois, les moyens nouveaux sont admissibles jusqu'à la clôture de l'instruction judiciaire.

La requête et mémoires sont accompagnés de deux originaux et d'autant de copies signées qu'il y a des parties à la cause. Lorsque le nombre de copies n'est pas égal à celui des parties ayant un intérêt distinct, le greffier en avertit la partie requérante de le faire dans le délai de 15 jours à dater de cet avertissement. Passé ce délai, la requête pourra être déclarée irrecevable.

La requête est adressée au premier président de la cour administrative d'appel et déposée au greffe de cette juridiction. Le greffier délivre à la partie requérante un certificat qui constate le dépôt de la requête et, sur demande de cette dernière, il certifie le dépôt de différents mémoires.

En même temps qu'elle introduit sa requête, la partie requérante fait signifier celle-ci à la partie adverse par les soins du greffe. La requête est publiée au journal officiel par les soins du greffier.

Immédiatement après l'enregistrement au greffe de la requête introductive d'instance, le premier président de la cour administrative d'appel désigne un rapporteur. Ce dernier fixe, sous l'autorité du président de la chambre à laquelle il appartient et eu égard à l'état du dossier, le délai à accorder, s'il y a lieu, aux parties pour produire le mémoire complémentaire, les observations, la défense ou réplique.

Il peut demander aux parties qu'elles joignent à la procédure contradictoire toutes les pièces ou tous les documents utiles à la solution du litige, entendre tout témoin, commettre des experts, déterminer leur mission, leur communiquer les pièces utiles et procéder sur les lieux à toutes constatations.

Lorsqu'une partie ou une administration publique appelée à produire des observations n'a pas respecté le délai, qui lui a été imparti, le président de la chambre lui adresse une mise en demeure. En cas de force majeure, un nouveau et dernier délai peut être accordé. Si la mise en demeure reste sans effet ou si le dernier délai assigné n'est pas observé, la juridiction statue. Dans ce cas, la décision est réputée contradictoire.

Chaque chambre assure l'instruction des affaires, qui lui sont confiées. Elle tient, si son président le juge nécessaire, une séance d'instruction avant la transmission du dossier au ministère public. La chambre siège avec le magistrat rapporteur. En cas d'empêchement, le président est remplacé par le conseiller le plus ancien. Après l'accomplissement des mesures préalables, le magistrat rapporteur rédige un rapport sur l'affaire, lequel est transmis à la chambre avec les documents nécessaires.

Le requérant a 30 jours pour déposer le mémoire en réplique et la partie défenderesse a trente jours pour y répondre. À l'expiration de ce délai, le président fixe la date de l'audience. La décision est prononcée dans les 30 jours de la prise en délibéré.

La cour administrative d'appel dispose des moyens d'investigation, elle peut recourir à l'expertise ou mener des enquêtes conformément aux dispositions des articles 187 à 210 de la loi organique précitée. Cette loi offre la possibilité au requérant de solliciter, auprès de la cour, le sursis légal de paiement. À défaut de le faire, le recouvrement forcé de la créance mise à sa charge interviendra dans les délais légaux.

Car, sauf en cas d'erreur matérielle[72], l'introduction d'un recours juridictionnel ne suspend pas l'exigibilité des droits, taxes ou redevances dus ainsi que les pénalités et amendes y afférentes. Il appartient donc au juge d'apprécier le bien-fondé de la demande de sursis et, dans l'affirmative, de l'accorder, par un jugement avant dire droit.

B. Incompétence du juge administratif en matière de poursuite des infractions fiscales

La compétence étant d'attribution, il appert de constater que les juridictions de l'ordre administratif, compétentes en matière consultative et contentieuse administrative, restent muettes et donc incompétentes en matière pénale. Dans ce cas, les infractions fiscales sont réprimées par les juridictions de l'ordre judiciaire. D'où la naissance d'une dualité du contentieux répressif fiscal.

---

[72] Loi de finances n° 14/027 du 31 décembre 2014 pour l'exercice 2015.

2. La dualité et la nature du contentieux répressif fiscal

La recherche et la poursuite des infractions fiscales sont assurées par l'agent fiscal compétent. En effet, l'Administration fiscale est investie du pouvoir de punir elle-même les auteurs des infractions commises en matière fiscale en cas de transaction.

L'Administration fiscale applique aux infractions fiscales des sanctions pécuniaires. La législation fiscale congolaise a donné particulièrement en ce qui est des amendes un réel pouvoir répressif à l'Administration fiscale, les tribunaux de droit commun n'étant appelés à connaître que des infractions assorties des peines d'emprisonnement.

3. Indépendance de deux ordres de juridiction en cas d'existence d'une procédure fiscale

En principe, il existe une indépendance entre la procédure pénale et celle administrative. Les deux procédures n'admettent pas les mêmes modes de preuve. Il s'ensuit que la décision de la juridiction administrative n'a pas au pénal l'autorité de la chose jugée. Elle ne s'impose pas aux juridictions répressives, qui doivent écarter toute demande de sursis à statuer et peuvent statuer quel que soit le sens de la décision du juge fiscal.

Ainsi, un vice affectant la procédure de contrôle d'une comptabilité irrégulière ayant conduit à la décharge des rappels d'impôt visés pénalement reste sans incidence sur la procédure pénale ; la décision du juge administratif se fonde sur des considérations tenant à la régularité de la procédure de redressement fiscal et non sur celles de fond tenant à l'existence des minorations de déclaration.

L'existence de ce principe constant ne dispense pas le service d'assurer une complète information des autorités judiciaires chargées des dossiers de fraude fiscale. À cet égard, toute évolution contentieuse significative intervenant dans une affaire faisant l'objet de poursuites pénales (dégrèvement, réduction des impositions, etc.) doit être portée à la connaissance des magistrats compétents.

Au surplus, un éventuel vice de la procédure de vérification demeure sans influence sur la régularité de la procédure pénale dès lors que le contribuable est poursuivi pour abstention délibérée de déclaration et que la constatation de ce défaut de déclaration est étrangère à la procédure de vérification.

En matière fiscale, les procédures administrative et pénale de répression sont cloisonnées par l'effet du principe d'indépendance des procédures et des sanctions (A), lequel souffre néanmoins de plusieurs tempéraments (B)[73].

A. Le principe d'indépendance

Lorsque l'Administration fiscale entend sanctionner une infraction fiscale, elle utilise généralement des pénalités fiscales (amendes et majoration de droits), assorties le plus souvent d'intérêts de retard. Dans certains cas, elle peut engager des poursuites correctionnelles afin que des sanctions pénales soient prononcées et viennent s'ajouter aux premières. Dans ce cadre, les procédures sont conduites indépendamment l'une de l'autre.

---

[73] BENJAMIN RICOU, *Droit des procédures fiscales*, Ellipses, Paris, 2022, p. 486.

b. Le cumul de sanctions

La règle de non-cumul des peines en matière des infractions *« non bis in idem »* s'impose *a priori*. Il est donc souhaitable que le contribuable ne puisse faire l'objet d'une sanction fiscale et d'une sanction pénale pour les mêmes faits. L'article 4 P7 du CESDH pose « le droit à ne pas être jugé ou puni deux fois », lequel implique de ne pas « … être poursuivi ou puni pénalement … en raison d'une infraction pour laquelle (on) a déjà été acquitté ou condamné par un jugement définitif conformément à la loi et à la procédure pénale de cet État »[74].

Cet article interdirait l'engagement de poursuites pénales pour des faits ayant déjà fait l'objet d'une procédure administrative de sanction close par une décision définitive et réciproquement. Il interdit aussi la poursuite parallèle des procédures de sanction pénale et administrative déconnectées l'une de l'autre, matériellement et dans le temps, en raison du risque d'aboutir à une seconde condamnation, dont la sévérité ne prendrait pas en compte la première sanction.

c. L'indépendance des procédures

Le principe d'indépendance des procédures se justifie par le fait que la mission du juge, qui se prononce sur une poursuite intentée n'est pas de rétablir des chiffres, mais de rechercher si le prévenu a échappé ou a tenté d'échapper à l'impôt par des manœuvres répréhensibles et pour les sommes dépassant la tolérance légale.

[74] BENJAMIN RICOU, *op cit*, p. 487.

En d'autres termes, les poursuites pénales pour fraude fiscale et la procédure administrative tendant à fixer l'assiette et l'étendue de l'impôt sont, par leur nature et par leur objet, différentes et indépendantes l'une de l'autre. En conséquence, par principe, chaque juge est libre de statuer sans attendre l'autre, et sans avoir à prendre en compte ce qu'a décidé l'autre : chaque affaire doit suivre librement son cours[75].

Lorsque des poursuites pénales et fiscales sont engagées parallèlement, la décision administrative n'a pas, au pénal, l'autorité de la chose jugée. Les deux fondements de poursuites étant différents et que le juge pénal doit rechercher, en se fondant sur les éléments de preuve propres à former sa conviction, si le prévenu s'est soustrait frauduleusement à l'établissement ou au paiement de sommes sujettes à l'impôt ; mais, il n'a pas à établir l'assiette de l'impôt, qui reste de la compétence de la juridiction administrative.

Ce qui implique, notamment l'absence d'autorité de la chose jugée des décisions de l'un et de l'autre juge peut conduire à ce que le juge pénal relaxe le prévenu pour les mêmes faits, d'une sanction administrative validée ou annulée par le juge de l'impôt.

Ainsi, par exemple, dans la mesure où la décision de la juridiction administrative ne peut avoir au pénal l'autorité de la chose jugée et ne saurait s'imposer aux juridictions répressives, l'intervention d'une décision de la juridiction administrative par laquelle sont définitivement annulés les titres de perception établis par l'Administration fiscale ne

[75] BENJAMIN RICOU, *op cit*, p. 490.

saurait faire échec à une condamnation définitive prononcée par le juge répressif[76].

A. Les limites du principe d'indépendance

a. L'autorité de la chose jugée de certains éléments de la décision pénale

Le principe d'indépendance cède devant la matérialité des faits constatée par le juge pénal, lesquels sont le support du dispositif. L'autorité absolue de la chose jugée s'impose tant à l'Administration qu'au juge de l'impôt. Ce dernier ne peut donc pas procéder à des constatations de faits contraires à celles du juge pénal, ce qui arrive parfois.

Tout au plus, les constatations du juge pénal peuvent être complétées par d'autres éléments de preuve, s'ils ne les contredisent pas. En outre, le requérant peut se prévaloir d'une décision du juge pénal à tout moment de la procédure car le moyen est d'ordre public et ce, même si le jugement pénal est intervenu postérieurement à la décision de la juridiction administrative frappée de pourvoi.

En revanche, une telle autorité ne vise que les décisions définitives, c'est-à-dire celles qui n'ont pas fait l'objet d'un appel dans les délais prescrits ou à l'encontre desquelles seul un pourvoi en cassation est possible. En outre, elle ne peut s'attacher aux motifs d'un jugement de relaxe tirés de ce que les faits reprochés ne sont pas établis ou de ce qu'un doute subsiste sur leur réalité, pas plus qu'à une ordonnance de non-lieu, à une décision de classement sans suite ou encore à une décision non motivée[77].

---

[76] BENJAMIN RICOU, *op cit*, p. 490.
[77] BENJAMIN RICOU, *op cit*, p. 491.

Enfin, on mentionnera que le juge de l'impôt n'est, en principe, pas lié par les évaluations de bases d'imposition faites par le juge pénal ou encore par l'appréciation donnée par ce dernier des conséquences juridiques des constatations matérielles qu'il a retenues, à moins, bien entendu, que la légalité de la décision ne soit liée au constat d'une infraction pénale.

b. La prise en compte par le juge pénal de certains éléments de la décision des juges de l'impôt et de l'excès de pouvoir

Si le juge pénal n'est pas tenu, en raison du principe d'indépendance, de s'aligner sur la décision du juge de l'impôt et de condamner, par exemple, le prévenu alors même que ce dernier a annulé le titre de perception, et qu'il n'a pas à prendre obligatoirement en compte certains des éléments de cette décision, la liberté dont il dispose toutefois peut parfois le conduire à fonder sa conviction en s'appuyant notamment sur cette dernière.

Par ailleurs, le juge pénal doit nécessairement tenir compte des décisions d'annulation du juge de l'excès de pouvoir, celles-ci ayant une autorité absolue de chose jugée[78].

c. Le sursis à statuer

La guérison devient donc possible puisqu'une voie de recours est désormais ouverte lorsque le prévenu a fait l'objet d'une condamnation pour fraude fiscale alors que l'impôt n'était en réalité pas dû. En ce sens, le juge administratif de l'impôt avait déjà admis la possibilité de surseoir à statuer en attendant la décision du juge pénal, sans que cela constitue toutefois une obligation pour lui.

---

[78] idem, p. 493.

La décision de décharge de l'impôt doit concerner le même impôt que celui pour lequel le prévenu est traduit devant la juridiction pénale et le juge de l'impôt doit avoir déchargé le prévenu de toute imposition sur les sommes en cause. En outre, il ne s'agit que d'une possibilité de surseoir à statuer et non d'une obligation, qui peut être utilisée lorsque ce dernier a, de façon non définitive, déchargé le prévenu de l'impôt pour un motif de fond, sa décision étant encore susceptible d'appel ou de pourvoi en cassation.

Et si le juge pénal décide de surseoir à statuer dans l'exercice de son pouvoir souverain, il ne peut le faire qu'en cas de risque sérieux de contrariété de décisions. Le sursis à statuer doit donc être exceptionnel, ce qui permet de ménager le principe de plénitude de compétence du juge pénal et le besoin qu'il statue rapidement ; enfin, le juge pénal décidant de surseoir à statuer doit spécialement motiver sa décision, cette motivation s'opérant sous le contrôle du juge de cassation.

Ainsi, en cas de cumul de sanctions, les faits de fraude fiscale doivent revêtir une particulière gravité. Ce qui impose au juge qui intervient en dernier, de prendre en compte les sanctions déjà prononcées.

d. Les attributions de l'Administration fiscale en matière des infractions fiscales

Les infractions fiscales sont de la compétence de l'Administration fiscale. Les pouvoirs dévolus à elle ont trait non seulement aux infractions purement matérielles, mais aussi aux infractions intentionnelles bien que rares en matière fiscale. L'Administration fiscale est habilitée à réprimer les infractions matérielles et même à scruter la bonne ou la mauvaise foi du contrevenant, voire apprécier les manœuvres frauduleuses de l'auteur des infractions intentionnelles.

La législation fiscale a même permis à l'Administration fiscale d'appliquer aux infractions, qu'il lui appartient de sanctionner, des intérêts moratoires, des majorations de droits et des amendes, bref des sanctions pécuniaires.

e. L'attitude du juge administratif face au droit pénal fiscal

La présence du droit pénal dans le procès administratif se manifeste de façon variée. L'incompétence du juge administratif pour connaître des actes liés à une procédure pénale en est un exemple classique. Plus largement, toutes les composantes du litige pénal peuvent jouer un rôle dans le litige administratif, qu'elles soient mises à profit par les parties au procès ou que le juge administratif y ait spontanément recours[79].

Outre le litige pénal, les règles pénales ont elles aussi un impact sur le procès administratif. L'autorité répressive administrative s'est ainsi vu imposer, peu à peu, le respect des garanties offertes à la personne mise en cause devant le juge pénal. Faut-il y lire le signe d'une influence croissante du droit pénal sur l'action du juge administratif, voire celui d'une pénalisation du droit administratif ?

Cette idée répond à un mode d'appréhension conflictuel et aujourd'hui dépassé des rapports entre les ordres juridictionnels et leurs droits respectifs. Si la contrainte n'est pas absente des relations existant entre le juge

---

[79] Sylvain NIGUÈGE, le juge administratif et le droit pénal, thèse de doctorat en droit public soutenue à Pau en 2007, disponible sur *http://www.theses.fr/2007PAUU2012*, consulté le 17 juillet 2023 à 19h 40.

administratif et le droit pénal, celles-ci sont tout autant faites d'indifférence, d'influence plus ou moins forte ou d'utilisation par le juge administratif des ressources du droit pénal.

Le respect par le juge administratif de la fonction du juge pénal, avec laquelle il ne se reconnaît logiquement pas le droit d'interférer, ne l'empêche pas de remplir la sienne en s'appuyant sur un droit pénal qui, loin de l'empêcher d'exercer sa liberté, lui en donne parfois les moyens.

f. L'Administration fiscale et le juge pénal

Doit-on seulement faire participer davantage l'Administration fiscale à la répression pénale ? La question peut surprendre. Il ne s'agit pas, en effet, d'envisager un transfert du pouvoir de répression des mains de l'autorité judiciaire vers celles de l'autorité administrative en administrativisant certaines infractions en matière fiscale.

L'idée est bien d'intégrer plus encore l'Administration fiscale à la procédure pénale, laquelle débute avec l'enquête et s'achève par le jugement ; l'argument souvent avancé en ce sens étant que l'intervention administrative apporterait une plus-value à la répression. C'est, d'ailleurs, ce qui explique le développement de la répression administrative.

La répression administrative procurerait également un supplément d'efficacité dans le traitement des infractions : elle serait gage de célérité, en raison de l'application d'une procédure censée être plus souple que son homologue pénale, ainsi que de pertinence, de par l'intervention d'une autorité experte dans les domaines concernés.

En s'inspirant de ce constat, mais en revenant à la procédure pénale, l'Administration fiscale pourrait donc y intervenir davantage, en vue de faire profiter la répression de son expertise technique et de son appréciation éclairée, en légalité et en opportunité, de l'affaire.

L'Administration fiscale est alors susceptible de prendre place dans la procédure pénale de diverses façons et à plusieurs stades. Durant l'enquête, la loi pourrait lui attribuer la mission de procéder aux investigations, soit à la place des organes normalement dotés du pouvoir de police judiciaire, soit à leur côté.

Lors de l'instruction préparatoire, il serait possible de donner à l'Administration fiscale et à ses agents la possibilité d'être partie ou encore de recevoir des commissions rogatoires afin de réaliser des opérations à la place et pour le compte du juge d'instruction.

Tout d'abord, la police judiciaire est une administration. Or, outre son rôle naturel d'enquêtrice, elle dispose également d'un pouvoir de sanction au moyen de la procédure de l'amende transactionnelle. De même, le rôle de sanction ou de contrôle de la sanction dévolu au procureur de la République imprime à la procédure pénale afférente un certain caractère administratif.

Les autorités fiscales occupent dans la procédure pénale une place déterminante, aux stades préparatoire et décisoire de poursuite. L'Administration fiscale détient les prérogatives de police administrative, à savoir, le droit de visite des marchandises, le droit de communication et les enquêtes de police judiciaire, notamment les visites domiciliaires, la retenue fiscale, etc.

Elle dispose d'une action en justice propre (l'action fiscale), qui lui permet d'engager elle-même les poursuites et d'être partie poursuivante, s'agissant des infractions fiscales punies d'amende, sauf à transiger.

g. Le caractère administratif de la procédure pénale applicable à la fraude fiscale

L'Administration fiscale, chargée d'établir et de recouvrer l'impôt ainsi que d'appliquer les pénalités fiscales en cas de manquements, participe à la procédure pénale à divers titres. Elle est enquêtrice.

Tout d'abord, elle prend part indirectement à la collecte de la preuve de fraude fiscale, en exerçant sur les manquements fiscaux les prérogatives de contrôle et d'enquête que lui confère la procédure fiscale. Ainsi, en vertu de ses pouvoirs de contrôle (police fiscale administrative), elle peut notamment réaliser des examens de la situation fiscale personnelle et des vérifications de comptabilité et découvrir, à cette occasion, des éléments étayant des soupçons de soustraction à l'impôt.

§2. La responsabilité pénale en matière fiscale

1. Le principe général de la responsabilité pénale en matière fiscale

En définissant les pénalement responsables de l'infraction fiscale, le législateur a élargi le champ d'action. Il a visé à rendre aussi efficace que possible la répression et à garantir les droits du trésor public.

À cette fin, sont frappés de responsabilité pénale non seulement ceux qui sont les auteurs visibles de la fraude fiscale mais aussi les personnes qu'on peut soupçonner d'avoir profité de la fraude ou qui l'ont laissée commettre par négligence ou même par une secrète hostilité à l'égard des intérêts financiers de l'État. Ainsi donc, sont aussi réputées responsables des fraudes ou des irrégularités constatées les personnes sur lesquelles pèse une présomption de responsabilité pénale.

2. Contre qui l'action publique est-elle dirigée ?

Le droit pénal fiscal ne présente à cet égard aucune différence avec les autres domaines du droit pénal spécial. Le coupable peut être soit une personne physique, soit une personne morale. En outre, l'action publique est dirigée contre un ou plusieurs individus déterminés et non contre des inconnus.

L'ouverture au parquet des dossiers contre inconnu et les poursuites devant les tribunaux aux fins d'obtenir du juge le prononcé des confiscations de marchandises saisies lorsque les propriétaires ne sont pas connus, ne dérogent pas à cette règle. En effet, l'ouverture du registre du ministère public contre inconnu a toujours pour première tâche de circonscrire les faits de la cause et d'identifier les présumés auteurs des faits.

3. La responsabilité pénale des personnes morales en matière fiscale

Le problème de la responsabilité des personnes morales a été et est toujours discuté. Mais, il connaît une certaine tendance vers sa consécration en droit positif congolais. Le principe longtemps caressé est que la personne morale ne peut engager sa responsabilité pénale[80]. S'il y a des faits infractionnels, dont peuvent être responsables les

[80] Il a été longtemps de principe que « *societas delinquere non potest* »

personnes morales, seuls leurs dirigeants, personnes physiques, pourront pénalement répondre[81].

Cependant, dans certains cas, les personnes morales peuvent être déclarées pénalement responsables de l'infraction. C'est-à-dire que des sociétés commerciales légalement formées, des entités publiques, des entreprises publiques, des associations sans ou avec but lucratif, qui jouissent de la personnalité juridique ainsi que des partis politiques légalement constitués, peuvent être pénalement responsables.

Ces personnes morales encourent alors les pénalités propres à leur nature : les amendes et les confiscations. Le tribunal peut aussi en prononcer la dissolution ou choisir la fermeture d'établissement ou l'interdiction d'exercice d'activité professionnelle.

Dans d'autres cas particuliers, la responsabilité pénale des personnes morales est affirmée, mais il est précisé aussitôt que tel organe subira la peine prévue. Dès lors, la personne, qui incarne l'organe de gestion, est individuellement poursuivie pour des infractions de droit commun lorsqu'elle a agi comme organe.

La même personne dirigeante peut être poursuivie pour nombre d'infractions spéciales précisées par la législation. Notons que la personne morale est toujours civilement[82] responsable des actes de ses dirigeants ou de ses employés.

---

[81] Seules les personnes qui président aux destinées et à la gestion peuvent engager à la suite de leurs faits, actes, inaction et omission leur responsabilité pénale.

[82] L'être moral peut être condamné à des dommages et intérêts sur pied du code civil.

En droit pénal fiscal, la personne morale est responsable des infractions ou des tentatives de celles-ci commises par son personnel. Elle ne peut être dédouanée de sa responsabilité que si les faits ont été commis à son insu et dans le but de lui nuire. La charge de la preuve incombe à la personne morale.

§3. Les mécanismes de renforcement de l'action publique en matière fiscale

Face à la gravité et à la complexité des conséquences économiques et sociales des infractions fiscales, il est indispensable et urgent que le législateur congolais durcisse significativement le cadre légal de la répression de ces types d'infractions et renforce le dispositif des saisies et confiscations.

La mise en œuvre d'une politique pénale plus efficace et dissuasive implique également des peines diversifiées et adaptées notamment en matière de saisies et confiscation et en matière de publicité des décisions judiciaires rendues.

1. La nécessité de sanctionner sévèrement les infractions fiscales par des peines d'emprisonnement et de lourdes amendes pénales

Dans le prolongement du durcissement des sanctions applicables aux infractions fiscales complexes, des réquisitions empreintes de fermeté devront être envisagées, tenant notamment compte de la gravité de l'infraction et de la personnalité de son auteur.

Cela concerne, en particulier, les dossiers où les situations suivantes ont été mises en exergue :

- La volonté flagrante du contribuable d'échapper à l'établissement et au paiement de l'impôt résultant de l'utilisation de comptes bancaires, les *trusts*, des fondations, des sociétés-écrans ou les sociétés fiduciaires ;
- Le recours à d'autres manœuvres tendant à égarer l'Administration fiscale telles que les déclarations de cessation de paiements en cours ou après le contrôle, l'organisation d'insolvabilité, l'utilisation de gérants de paille, la rétention de TVA, l'exercice d'une activité occulte, des défaillances déclaratives répétées, l'escroquerie à la TVA, l'utilisation de factures fictives ou la dissimulation de recettes au moyen d'un logiciel de caisse frauduleux ;
- L'attitude du prévenu pendant le contrôle traduisant manifestement l'absence de toute volonté de s'amender : absence de toute coopération, manœuvres destinées à faire obstacle à l'action de l'Administration fiscale ;
- La situation de récidive légale ou de réitération d'infractions.

Il est rappelé que dans les affaires où le redevable légal de l'impôt fraudé n'est pas la personne poursuivie l'amende pénale ne vient pas se rajouter aux éventuelles pénalités fiscales appliquées par l'Administration fiscale, les personnes sanctionnées n'étant pas les mêmes. Dans ces cas, l'application de droits et de pénalités significatifs ne saurait être une cause de modération du montant de l'amende pénale requise.

De même, il convient d'être vigilant sur les stratégies consistant à procéder au paiement rapide des droits dus après la détection de la fraude, en vue de minorer les pénalités fiscales dues en application des dispositions légales applicables. À cet égard, il est rappelé qu'une telle régularisation ne saurait exonérer le fraudeur de sa responsabilité pénale.

2. La nécessité d'application des peines de saisies et confiscations en matière fiscale

Les peines de confiscations revêtent un caractère particulièrement dissuasif pour les délinquants fiscaux disposant d'éléments de patrimoine pouvant être saisis et confisqués.

Une telle peine constitue, en effet, un moyen de s'assurer que les agissements délictueux ne conduisent pas à un enrichissement des personnes condamnées, qui leur resterait, *de facto*, acquis à l'issue des procédures pénales et administratives. Elles constituent, en outre, une réparation essentielle, tant en équité qu'au plan budgétaire, des préjudices graves subis par l'État du fait de ce type de fraude.

Il est donc indispensable de favoriser les saisies et confiscations en matière de fraude fiscale, à travers :

- la peine complémentaire de confiscation encourue de plein droit en matière de fraude fiscale ;
- une loi spécifique pour faciliter la saisie et la confiscation.

Une confiscation élargie du patrimoine du condamné pourra porter non seulement sur les biens dont le condamné est propriétaire, mais également sur les biens, dont il a la libre disposition sous réserve des droits du propriétaire de bonne foi. Peu importe leur lien avec l'infraction, dès lors que l'infraction a procuré un profit direct ou indirect et que le condamné ou le propriétaire n'ont pu en justifier l'origine.

Par ailleurs, la confiscation peut être ordonnée en valeur dans tous les cas : elle consiste à confisquer un bien, dont la valeur équivaut au produit de l'infraction. Elle peut porter sur tout bien du condamné et ceux dont il a la libre disposition. La généralisation de la saisie en valeur garantit en conséquence l'exécution des peines de confiscation sur l'ensemble des éléments disponibles du patrimoine du condamné.

Enfin, en matière de blanchiment des capitaux, une peine de confiscation générale du patrimoine de la personne condamnée peut porter sur tous les biens dont elle est propriétaire ou dont elle a la libre disposition sous réserve des droits du propriétaire de bonne foi, que le bien soit lié ou non à l'infraction ou que son origine soit licite ou illicite.

Sous réserve du principe général de proportionnalité de la sanction de confiscation, l'attention du procureur de la République est donc appelée sur :

- l'opportunité de faire usage en amont, au cours de l'enquête ou de l'information judiciaire, des dispositions plus haut évoquées relatives à la saisie en valeur et à la saisie élargie afin de garantir l'exécution de la confiscation ;
- la nécessité de veiller à ce que la peine de confiscation soit requise lors de l'audience de jugement, en identifiant précisément les biens sur lesquels la peine de confiscation doit porter, de manière à en assurer une exécution efficace.

3. Portée des peines complémentaires en matière fiscale

A. Affichage et diffusion des décisions de condamnation

Au premier rang des peines complémentaires, figurent l'affichage de la décision prononcée et la diffusion de celle-ci. Bien qu'elles ne revêtent plus un caractère obligatoire, le procureur de la République doit veiller à requérir systématiquement ces peines applicables aux infractions fiscales commises à compter de cette date dans le souci de donner son maximum d'efficacité à l'effet dissuasif recherché dans la poursuite pénale de la fraude.

En effet, l'aspect formel des publications et diffusions, le choix du support (journal local, national, professionnel, site internet), présente un intérêt certain et conditionne largement le retentissement de la condamnation prononcée. Dans un but préventif, l'Administration fiscale publie sur son site public, les condamnations les plus marquantes sous format d'anonymat.

B. Autres peines complémentaires

D'autres peines complémentaires, bien que facultatives, peuvent également être requises à l'encontre des personnes physiques reconnues coupables du délit de fraude fiscale.

La peine d'interdiction de droits civiques, civils et de famille pourra être envisagée dans la plupart des cas. En effet, la soustraction volontaire et consciente au paiement de l'impôt est souvent de nature à obérer la dignité, qui s'attache à la qualité de citoyen, d'élu ou d'auxiliaire de justice.

Les personnes physiques reconnues coupables de fraude fiscale pourraient encourir la peine d'interdiction d'exercer directement ou indirectement, pour leur propre compte ou pour le compte d'autrui, une profession libérale, commerciale ou industrielle, de diriger, d'administrer, de gérer ou de contrôler à un titre quelconque, directement ou indirectement, pour leur propre compte ou pour le compte d'autrui, une entreprise commerciale ou industrielle.

Conclusion

Cet ouvrage poursuit la construction d'un droit pénal fiscal congolais en abordant, tour à tour, les considérations sur la fraude fiscale et l'évasion fiscale, les infractions aux procédures fiscales ainsi que la poursuite de ces infractions.

Dans son premier chapitre sur la fraude et l'évasion fiscale, il a été question d'analyser :

- Le contenu de la fraude fiscale à travers la détermination des comportements répréhensibles, dont notamment le fait d'oublier délibérément de souscrire sa déclaration d'impôts, la dissimulation de certains revenus ainsi que l'organisation délibérée de son insolvabilité pour échapper au paiement des impôts ;
- La distinction de la fraude fiscale avec l'évasion fiscale au regard de leurs causes, leurs procédés ainsi que de leurs conséquences tant sur le plan national et international ;
- Les mécanismes préventifs et répressifs de la fraude fiscale et l'évasion fiscale.

Le deuxième chapitre, sur les infractions aux procédures fiscales, analyse :

- Les infractions fiscales proprement dites, leurs particularités tant sur l'auteur que sur leurs éléments constitutifs ;
- Les infractions de droit commun applicables en droit fiscal congolais, telles le faux en écriture, l'usage de faux, l'escroquerie de nature fiscale ainsi que le blanchiment en matière fiscale ;

- L'appréciation de l'efficacité économique et de la sécurité juridique des sanctions fiscales tant de nature administrative que pénale.

Le dernier chapitre, axé sur la procédure de poursuite des infractions fiscales, est développé en deux volets, à savoir :

- Les règles particulières de poursuite des infractions fiscales à travers l'exercice de l'action publique, la mise en mouvement de l'action publique, le délai de prescription de l'action publique en matière fiscale.
- La compréhension du contentieux répressif fiscal à travers ses enjeux, la responsabilité pénale en matière fiscale ainsi que les mécanismes de renforcement de l'action publique en matière fiscale.

En définitive, le succès de la construction d'un droit pénal fiscal reste alors le gage de la compréhension du régime juridique applicable à chaque catégorie d'infractions fiscales à travers le décryptage du contenu des éléments légal, moral et matériel. L'ouvrage n'a pas la prétention d'avoir analysé toutes les infractions fiscales ; un simple échantillon en sert de fondement.

Bibliographie sélective

Instruments juridiques

Constitution de la RDC du 18 février 2006 telle que modifiée par la loi n°11/002 du 20 janvier 2011.

Loi organique n°18-020 du 09 juillet 2018 relative à la liberté de prix et à la concurrence, publié au JO RDC, 23 juillet 2018, n° spécial, col 105.

Loi de finances n°14/027 du 31 décembre 2014 pour l'exercice 2015.

Loi n°004/2003 du 13 mars 2003 portant réforme des procédures fiscales en RDC.

Loi organique n°16/027 du 15 octobre 2016 portant organisation, compétence et fonctionnement des juridictions de l'ordre administratif.

Loi organique n° 13/011-B du 11 avril 2013 portant organisation, fonctionnement et compétences des juridictions de l'ordre judiciaire.

Loi des finances n°17/014 du 24 décembre 2017.

Décret du 30 Janvier 1940 portant code pénal.

Ordonnance-loi n°10/001 du 20 août 2010 portant institution de la TVA, adapté conformément à l'ordonnance- loi n°13/007 du 23 janvier 2013.

Ordonnance – loi n°13/003 du 23 février 2013 portant réforme des procédures.

Ordonnance-loi n° 10/002 du 20 aout 2010 portant code des douanes.

Arrêté ministériel n°66-07 du 1er décembre 1966 relatif au commerce des marchandises importées.

Arrêté ministériel n° 009 du 2 février 1967 relatif à l'approvisionnement et répartition des marchandises.

Circulaire ministérielle. N°008 du 7 août 1998 : interprétation nécessaire à l'application des modalités de calcul et de perception des acomptes et précomptes de l'impôt sur les bénéfices et profits.

Ouvrages

AURÉLIE BAUDOU, *L'essentiel du droit des procédures fiscales*, Éditions Gualino, Paris, 2017-2018.

BENJAMIN RICOU, *Droit des procédures fiscales*, Ellipses, Paris, 2022.

BOFOE LOKANGU, *Droit Fiscal et Procédures fiscales en République Démocratique du Congo*, L'Harmattan, Paris, 2021.

BOFOE LOKANGU, *Fiscalité des organisations et des ressources naturelles en République Démocratique du Congo*, L'Harmattan, Paris, 2021.

BOFOE LOKANGU, *Droit pénal économique congolais,* L'Harmattan, Paris, 2023.

BONY CIZUNGU, *Les infractions de A à Z*, Edition Laurent NYANGEZI, Kinshasa, 2002.

BONY CIZUNGU, *Les infractions douanières, Recherches et Poursuites en RDC*, PUC, Kinshasa, 2010.

GEORGES MINEUR, *Commentaire du code pénal congolais*, éd. Larcier, Bruxelles 1955.

JEAN-PIERRE CASIMIR et MARTIAL CHADEFAUX, *Droit Fiscal, Manuel et applications*, Groupe Revue fiduciaire, 2010-2011.

LIKULIA BOLONGO, *Droit pénal Spécial Zaïrois*, Librairie Générale de Droit et de Jurisprudence, Paris, 1985.

NGUYEN CHANH TAM, AZAMA LANA, DARTOIS Ph., KABONGO KONGO J. et DARANAS S., *Guide juridique de l'entreprise*, Librairie du Zaïre, Kinshasa, 1973.

NYABIRUNGU MWENE SONGA et KISAKA, *La criminalisation de l'économie zaïroise : regards juridiques et économiques, Notes de conjoncture,* Kinshasa, n°21, mars 1995.

NYABIRUNGU MWENE SONGA, Tra*ité de droit pénal général congolais*, 2èm éd. E.U.A, 2007.

Articles de revue

André Philippe FUTA, *Incohérences, archaïsmes et autres maux du système fiscal c*ongolais in_www.minfin.rdc.cd/fiscal/archaïsme.htm,

BERTRAND LEMERNICIER, *L'évasion fiscale est-elle un devoir moral ? in Revue éthique,* octobre 2001.

CASIMIR J. et MARTIAL CHADEFAUX, *Droit fiscal, Manuel et applications*, Groupe Revue fiduciaire, 2010-2011.

CLAVERIE-ROUSSET C., Le délit de fraude fiscale et les délits voisins page2 in *Revue de droit fiscal n° 46*, 13 novembre 2014, 622, net 01/03/2016.

IKONGA KAPENDA T., *Répression des délits fiscaux en République démocratique du Congo. Cas de la ville de Kolwezi*, in *Librairie africaine des études juridiques* (4/2017) disponible sur http//dol.org/10.5771/2363-8262-2017-2-11.am.27.02.203.

KAMBALE MATHE, *réflexions sur le classement pour inopportunité des poursuites face à la politique criminelle en droit positif congolais*, UNIGOM, GOMA, 2017.

KAVULA MWANANGANA G., *La problématique de la fraude fiscale sur le développement de la République Démocratique du Congo*, Mémoire de licence en Droit, Université de Kinshasa, 2016, disponible sur *https://www.memoireonline.com/12/06/203.*

LEMERNICIER B.*, L'évasion fiscale est-elle un devoir moral ? in Revue éthique,* octobre 2001.

LEMIEUX P., L'économie de la résistance fiscale selon la manière dont on modélise l'État, l'évasion fiscale entraîne des conséquences bien différentes in *le Figaro-Économie*, 30 janvier 1997, p. XI.

Webographie

Évasion fiscale : définition, conséquences et solutions, disponible sur *https://www.oxfamfrance.org/inegalites-et-justice-fiscale/evasion-fiscale-definition-consequences-solutions/*, consulté le 11 mars 2023 à 15h 10.

Exonération fiscale, qu'est-ce que c'est, définition et sens, disponible sur *http://economy-piedam.com*, consulté le 9 mars 2023 à 20 h 35.

Marc UZAN, La fraude fiscale, c'est quoi ? Définition et sanctions, disponible sur *https://uzan-avocat.fr/la-fraude-fiscale-c-est-quoi-definition-et-sanctions* consulté le 12 avril 2023 à 11 h 10'.

Ooreka, fraude fiscale : définition et sanctions, disponible sur *https://impot-sur-le-revenu.ooreka.fr/astuce*, consulté le 12 avril 2023 à 11 h 30'.

Qu'est-ce que l'évasion fiscale, disponible sur *https://www.revenuquebec.ca/fr/une-mission-des-actions/assurer-la-conformite-fiscale/evasion-fiscale/quest-ce-que-levasion-fiscale/#*, consulté le 11 mars 2023 à 14 h 30.

Retenue à la source, disponible sur *https://www.universalis.fr/encyclopedie/retenue-a-la-source/*, consulté le 6 mars 2023 à 13 h 20.

Service-public.fr, Quelles sanctions en cas de fraude fiscale, disponible sur *http//www.service-public.fr* consulté le 15 mars 2023 à 16 h 20.

Table des matières

Structures éditoriales du groupe L'Harmattan

L'Harmattan Italie
Via degli Artisti, 15
10124 Torino
harmattan.italia@gmail.com

L'Harmattan Hongrie
Kossuth l. u. 14-16.
1053 Budapest
harmattan@harmattan.hu

L'Harmattan Sénégal
10 VDN en face Mermoz
BP 45034 Dakar-Fann
senharmattan@gmail.com

L'Harmattan Cameroun
TSINGA/FECAFOOT
BP 11486 Yaoundé
inkoukam@gmail.com

L'Harmattan Burkina Faso
Achille Somé – tengnule@hotmail.fr

L'Harmattan Guinée
Almamya, rue KA 028 OKB Agency
BP 3470 Conakry
harmattanguinee@yahoo.fr

L'Harmattan RDC
185, avenue Nyangwe
Commune de Lingwala – Kinshasa
matangilamusadila@yahoo.fr

L'Harmattan Congo
219, avenue Nelson Mandela
BP 2874 Brazzaville
harmattan.congo@yahoo.fr

L'Harmattan Mali
ACI 2000 - Immeuble Mgr Jean Marie Cisse
Bureau 10
BP 145 Bamako-Mali
mali@harmattan.fr

L'Harmattan Togo
Djidjole – Lomé
Maison Amela
face EPP BATOME
ddamela@aol.com

L'Harmattan Côte d'Ivoire
Résidence Karl – Cité des Arts
Abidjan-Cocody
03 BP 1588 Abidjan
espace_harmattan.ci@hotmail.fr

Nos librairies en France

Librairie internationale
16, rue des Écoles
75005 Paris
librairie.internationale@harmattan.fr
01 40 46 79 11
www.librairieharmattan.com

Librairie des savoirs
21, rue des Écoles
75005 Paris
librairie.sh@harmattan.fr
01 46 34 13 71
www.librairieharmattansh.com

Librairie Le Lucernaire
53, rue Notre-Dame-des-Champs
75006 Paris
librairie@lucernaire.fr
01 42 22 67 13

www.ingramcontent.com/pod-product-compliance
Lightning Source LLC
LaVergne TN
LVHW021221061026
849535LV00008B/2847
* 9 7 8 2 3 3 6 4 8 5 5 9 1 *